JN410544

나의 목련꽃

나의 목련꽃

펴낸날 초판 1쇄 2017년 10월 20일

지은이 김기선
펴낸이 서용순
펴낸곳 이지출판

출판등록 1997년 9월 10일 제300-2005-156호
주 소 03131 서울시 종로구 율곡로6길 36 월드오피스텔 903호
대표전화 02-743-7661 팩스 02-743-7621
이메일 easy7661@naver.com
디자인 박성현
인 쇄 (주)꽃피는청춘

값 13,000원

ISBN 979-11-5555-075-5 03810

이 도서의 국립중앙도서관 출판예정도서목록(CIP)은 서지정보유통지원시스템 홈페이지(http://seoji.nl.go.kr)와 국가자료공동목록시스템(http://www.nl.go.kr/kolisnet)에서 이용하실 수 있습니다.(CIP제어번호: CIP2017025771)

▶ 김기선 수필집

나의 목련꽃

이지출판

책머리에

옷깃을 여미며

책을 펴내려니 좀 더 일찍 입문했으면 좋았을 것을 하는 후회가 됩니다. 글을 써 본 경험이 없습니다. 다만 사업하면서 메모하는 습관이 있었을 뿐입니다. 그것이 끈이 되어 일기를 썼습니다. 수필집을 내어 놓으려니 부끄럽습니다.

날이 갈수록 흔적 없이 지나가면 안 된다는 생각이 떠나지 않았습니다. 시간은 말없이 지나가고 있습니다. 역사는 시간 속에 사연을 남겨 놓고 쏜살같이 달려갑니다. 기록을 남기지 않으면 한 점 자취도 없이 사라져 갈 것입니다.

우리는 싫든 좋든 인생이라는 무대에 선 연기자이며 연출자입니다. 한 편의 연극을 완성하기 위해 혼을 바치듯 삶을 가꾸고 다듬어야 한다는 생각으로 살아왔습니다. 글을 쓰지 않았다면 놓쳐 버렸을 소중한 조각들을 찾아 한

권의 책으로 엮을 수 있어 행복합니다. 왔다가는 나의 인생 흔적을 후손에게 남기고 싶었습니다.

지금까지 나를 보살펴 준 많은 은인이 있습니다. 절망의 터널에서 방황할 때 길을 터주신 태평양화학 고 서성환 회장님께 존경과 감사를 올립니다.

형제로 태어나 때로는 친구처럼, 한 몸처럼 굴곡진 삶을 살다 가신 형님, 멀리 떨어져 있어도 어렵던 시절 버팀목이 되어 준 동생 기정이, 든든한 막내 기중이 그리고 세 여동생, 칠 남매 모두 사랑합니다.

곳곳에서 친구로, 사업 파트너로, 좋은 인연으로 격려해 주신 친지 여러분에게 고마움을 전합니다. 책을 펼칠 수 있도록 지도해 주신 손광성 선생님과 조재은 선생님께 감사드립니다. 출판을 도와주신 이지출판사 서용순 사장님께 고마움을 전합니다.

가족을 위해 자신을 희생하며 반세기를 바친 아내에게 이 책을 바칩니다. 아침저녁으로 전화해 주고 주말마다 찾아오는 큰아들과 며느리, 멀리 런던에서 일주일이 멀다하고 안부를 물어오는 막내아들과 며느리, 함께 살면서 온갖 수발을 다 들어주는 딸과 사위에게 고마움을 전합니다.

올 때마다 할아버지 할머니 얼굴을 그려 주는 하랑이, 태권도 검은띠 땄다고 시범을 보여 주는 하율이, 할아버지에게 축구하면서 골을 넣었다고 자랑하는 재윤이, 영국에서 동영상으로 재롱을 보여 주는 하담이, 손자 손녀에게 사랑을 담아 훌륭한 인재로 자라주기를 기도합니다.

이 책이 세상에 나와 읽는 분들에게 조금이라도 위로가 된다면 더 바랄 것 없는 보람으로 알겠습니다.

2017년 가을이 익어가는 길목에서

김 기 선

나의 목련꽃 _ 차례

2 _ 어머니의 일기

3 _ 페달의 힘

4 _ 지금 내 곁에 있는 사람들

1 _ 나의 목련꽃

다시 춤추는 아내

분당 신도시로 이사 오면서 그동안 못해 본 취미 생활을 하고 싶어 문화센터를 찾아갔다. 프로그램을 보며 어떤 종목이 우리 부부에게 적당할까 곰곰이 살펴보았다.

몇 년 전 사업차 인구 삼백만의 중국 장자커우(張家口) 시를 방문한 일이 있었다. 시장의 초청으로 저녁 만찬을 즐겼다. 식사가 끝나자 예고 없이 댄스 파티가 벌어졌다. 그 자리에서 시청 간부들과 시장의 초대로 온 업체 대표들까지 오십여 명의 남녀가 어울려 춤을 추었다. 그런 관례는 중국의 문화라고 했다. 그때 우리를 위한 파티였는데 당사자인 내가 댄스를 못하니 난처해 쩔쩔맨 적이 있었다. 그 후 언제고 시간을 쪼개서라도 배우기로 다짐을 했었다.

프로그램을 살펴보니 마침 부부 스포츠댄스가 눈에 띄었다. 망설일 것도 없이 초급반에 등록하고 집에 가서 아내에게 귀띔해 주었더니, 당신에게도 그런 낭만이 있는지 몰랐다며 반색했다.

댄스 교실에 간 첫날, 문을 열려고 손잡이를 잡는 순간 행여 잘못 결정한 것은 아닐까 싶어 망설여졌다. 살그머니 문을 열고 안을 들여다보았다. 뜻밖에 우리와 비슷한 연령대 회원이 많아 마음이 놓였다.

강사가 시키는 대로 움직이려니 아내와 나는 몸이 따라주지 않았다. 마음 따로 몸 따로였다. 나에게 어울리는 운동이 아니라는 생각이 자꾸 도리질하게 했다. 첫 시간을 겨우 넘기고 다시 오지 않겠다는 다짐을 하고 나오는데, 연습할 때 친절히 보살펴 주던 부부가 맥주나 한잔 하자고 했다.

그와 인사가 오가는 중에 절친한 친구의 전직 회사 동료인 것을 알게 되었다. 맥주를 나누면서 그 부부의 다정한 모습에 열심히 하자는 쪽으로 마음이 바뀌었다. 그 후 하루하루 활기찬 생활이 시작되었다.

댄스 수업은 나보다 아내가 더 좋아했다. 춤추는 동료들과 어울려 자주 국내외 여행을 다니면서 잠시 쉬어갈 때도 틈만 나면 장소를 가리지 않고 서로 어울려 춤을 추곤 했다. 문화센터는 교습 장소였고 즐기는 장소는 오포 친구 집이었다. 저녁이면 수시로 모여 연습을 하곤 했다.

어느 해 늦가을이었다. 함께 춤추던 열세 부부가 7박 8일 간 동남아 크루즈 여행을 떠났다. 홍콩으로 날아가 그곳에서 출발했다. 낮에는 항해하면서 항구도시를 관광하고 저녁이면 댄스 파티가 열렸다. 공교롭게도 우리가 탄 유람선에는 단체로 댄스하는 여행객이 우리뿐이었다. 우리는 특별 손님으로 극진한 대우를 받았다. 때로는 선장 초대로 저녁 파티가 열리기도 했다. 각국 여행객들이 몰려와 댄스 파티를 넋놓고 구경하고 할 줄 아는 사람들은 함께 어울리기도 했다.

여러 나라에서 온 여행객들이 춤추는 우리 모습에 찬사를 보내며 "코리아 원더풀"을 외쳐댔다.

그럴 즈음 아내는 분당에서 이십 개의 타석과 스크린을 갖춘 실내 골프연습장을 운영했다. 아내가 좋아하는 운동이어서 처음 몇 년은 시간 가는 줄 모르고 밤낮 가리지 않고 즐거운 마음으로 일했다. 그러나 해가 지나면서 주변에 시설 좋은 경쟁업체가 하나둘 생기면서 코치가 자주 바뀌고 고객도 철새처럼 왔다가 우르르 빠져나가곤 했다. 아내는 힘에 벅찬 일을 하려니 신경 쓸 일이 많아 자주 몸살을 앓았다. 설상가상으로 손님이 휘두른 골프채에 머리를 맞았는데 그때는 별 이상이 없어 병원에도 안 가고 지나치고 말았다.

운영하던 연습장을 정리하고 아들딸 결혼시키는 데 매달렸다. 그 시간이 칠 년. 그동안 아내는 하루가 다르게 야위어 갔다. 종합검진 결과 놀랍게도 위암 초기로 밝혀져 수술을 받았다. 수술 후 죽으로 연명하며 겨우 지탱하고 있었다.

그런데 어느 날부터인지 아내의 기억력이 사라져 가고 있다는 것을 알게 되었다. 사용하던 물건 둔 곳을 몰라 나를 당황하게 했다. 대화 중 초점을 몰라 다툼이 생기기도 했다. 상태가 점점 깊어지자 병원을 찾았다. 가까운 곳에 병원이 있어 상담을 하고 정신과에 다녔다.

처음에는 삼 개월에 한 번씩 오라고 했다. 병원에 가면 마땅한 치료가 없고 갈 때마다 인지검사만 되풀이했다. 처방도 없어 안타까움만 더했다. 그저 몸에 붙이는 패치가 치료라고 했다. 그렇게 일 년이 가고 이 년이 지나면서 운동을 권했다.

아내와 함께 아침마다 한 시간씩 탄천을 걷기도 하고 불곡산을 오르내리기도 했다. 그러나 돌아올 줄 알았던 기억력은 점점 멀어만 갔다. 내 마음도 점점 그늘이 깊어 갔다. 애써 가꾸어 온 삶인데 피워 보지도 못하고 시들어 가고 있다니 기가 막혔다. 수시로 운동하고 마음을 다스리는 것밖에는 다른 방법이 없었다.

혹시 하는 기대감으로 몇 년 전 함께했던 부부 댄스를 시작했다. 따라할 수 있을까 염려했지만, 뜻밖에 잘 따라 했다. 몸에 인지기능이 있는 듯했다. 그렇게 일 년이 지나가고 있었다.

어느 날 연습을 마치고 수강생들과 어울려 콜라텍을 찾아갔다. 희미한 조명 아래 흘러간 노래가 울려 퍼지자 음악에 맞춰 아내가 춤을 추기 시작했다. 자색 드레스와 조화를 이루어 사뿐사뿐 추었다. 의외였다. 놀라웠다.

춤추는 아내의 모습은 환자가 아니었다. 이십 년 전 댄스 교실에 같이 갔을 때 모습이었고, 유람선에서 며칠 동안 지치지도 않고 춤을 추던 그때 그 모습이었다.

부부로 인연을 맺어 인생의 바다에서 노를 저으며 살아온 세월이 오십 년, 때로는 항로를 벗어나 낯선 섬에 정박하기도 하고 때로는 험한 풍랑을 만나 위기를 넘나드는 항해를 하기도 했다.

그럴 때면 변함없이 따듯한 위로와 미소로 감싸 준 사람, 한결같이 내 부모형제를 지켜 준 사람, 그런 아내가 힘든 세월도 아픈 몸도 다 잊은 채 춤을 추고 있다. 나는 그런 아내의 손을 잡고 스텝을 맞추면서 이 춤이 영원히 끝나지 않길 바랄 뿐이다.

그래, 다시 와야지

이른 새벽 여행 가방을 들고 엘리베이터로 갈 때였다.

"할아버지, 오늘 여행이 기대되네."

다섯 살 손자가 제 엄마와 할아버지가 주고받는 이야기를 귀담아듣고 재치 있는 말로 발길을 가볍게 해 주었다.

몇 년 전 아내가 위암 수술을 받았다. 그 후 기억력이 조금씩 사라져 가고 있다. 더 진행되기 전에 아내와 함께 쌓아 온 잊어버린 조약돌을 찾기 위해 여행을 결심했다. 인천공항에서 착잡한 심정을 누르며 가족과 함께 말레이시아 행 비행기에 올랐다.

상상의 나래를 펼치며 여섯 시간쯤 날아갔을 때, 쿠알라룸푸르 공항이라는 기내 방송이 나오자 가슴이 두근거렸다. 곧이어 비행기를 갈아타고 오십여 분 지나 페낭 공항에 도착했다.

페낭은 말레이시아 북서해안에 있는 섬이다. 마중 나온 호텔 택시로 해안선을 따라 한 시간 가까이 갔을까, 목적지 샹그릴라 호텔에 도착했다. 떠날 때 서울 기온은 영하였는데 페낭은 영상 39도였다. 여장을 풀고 여름옷으로 갈아입었다.

늦은 저녁 이국의 네온사인 불빛 따라 아내가 가보고 싶다는 전통 식당을 찾아갔다. 둥근 공간에 육칠십 명쯤 되는 사람들이 왁자지껄 식사를 하고 있었다. 현지 음식인 나시고렝과 미고렝을 간단히 먹었는데 아내가 배탈이 났다. 야경을 돌아볼 겨를도 없이 소화제를 찾아 숙소로 달렸다.

다음 날 아침, 식사 후 며칠 쉬어 갈 호텔 구내를 살펴보았다. 인도양 해변에 펼쳐진 녹색 정원이 싱그러웠다. 남국의 정취를 한껏 뿜어내는 육칠백 년 된 검푸른 졸참나무, 고무나무가 야자수와 어우러져 태양열을 움켜잡고 있었다. 그 품에 수평선 위로 파도 타고 날아온 선들바람이 일렁이고 있었다. 바라만 보아도 싱그러운 야외 풀장과 나인 홀 골프장도 있었다.

투숙객들은 유럽에서 온 칠팔십 대 노부부들이 대부분이었다. 그들은 일광욕을 즐기기도 하고 그늘에서 선들바람을 벗 삼아 성경을 보거나 전문서적을 읽으며 시간을 보내고 있었다. 노부부들이 여가를 즐기는 모습이 살아온 삶을 수채화로 수놓고 있는 것 같았다. 그들은 석양의 화폭에 담겨 있었다.

우리는 꿈도 꾸어 보지 못한 광경이었다. 여가를 즐길 겨를도 없이 격랑을 헤쳐 나온 삶의 무늬가 아내의 병으로 얼룩져 가고 있는데, 나는 허공만 맴돌고 있었다.

잊어버린 조약돌을 찾기 위해 온 페낭, 가슴만 먹먹했다. 기분 전환 겸 더위를 피해 아내가 바라는 실내 놀이터를 찾아갔다. 각종 어린이 놀이기구가 펼쳐진 곳에서 다람쥐처럼 뛰노는 손자를 보면서 아내는 마냥 즐거워했다. 야외 수영장에서는 손자와 친구가 되어 고무 튜브를 타는 놀이를 했다. 물놀이에 지쳐 버린 아내를 위해 마사지하는 곳에 가서 피로를 풀게 했다.

페낭 시내로 갔다. 가족과 함께 처음 경험하는 자전거 인력거를 타고 말레이시아 세계문화유산으로 지정된 바다

위에 떠 있는 상가를 구경했다. 아내가 좋아하는 스카프를 사고 거리 벽화를 배경으로 사진도 찍었다. 일제강점기에 건축한 건물 벽에 그려진 초라한 모습이지만 말레이시아 역사의 숨결을 보는 것 같았다.

함께 나인 홀에서 골프를 쳤다. 염려했던 대로 거리 감각을 잃어버렸다. 다음 홀은 거리에 맞는 채를 고르지도 못했다. 홀 컵 퍼팅 거리도 맞추지 못했다. 몇 년 전만 해도 프로 샷을 날렸는데 그 모습은 어디로 사라졌는지….

떠나오기 전날은 호텔 정원에서 여가를 즐기는 시간을 가졌다. 그늘에 누워 끝없이 펼쳐진 수평선을 바라보며 무아지경에 빠져들었다. 철썩이는 파도 소리 따라 지나온 날들이 출렁이고 있었다. 부부의 연을 맺고 살아온 반세기, 아내의 무늬가 영상으로 오버랩 되어 스쳐 갔다.

아내에게 바치는 시상詩想을 떠올리며 몽환 속에 빠져 있을 때였다. 화장실에 다녀온다고 간 아내가 한 시간이 가고 두 시간이 지나도 돌아오지 않았다. 화장실로 객실로 레스토랑으로 허둥대며 찾아보았으나 행방이 묘연했다.

놀란 딸과 사위까지 흩어져 호텔 구석구석을 수차례 돌아봐도 찾을 수가 없었다. 손자가 울면서 할머니를 외쳐

보아도 나타나지 않았다. 행여 차량이 홍수처럼 몰려다니는 호텔 밖으로 나갔으면 어떻게 할까? 덜컥 겁이 났다. 위로 여행에 오히려 실종 위험이 도사리고 있을 줄이야….

프런트에 찾아가 안내 방송을 요청했다. 시간은 자꾸 지나가는데 소식이 없었다. 초조하기 짝이 없었다. 그때였다. 호텔 직원과 함께 아내가 초췌한 모습으로 돌아왔다. 야위어 가는 아내의 눈동자에 투영된 나는 죄인이었다. 기쁨과 안도의 긴 한숨이 절로 나왔다.

"내 평생 이렇게 좋은 여행은 처음이에요. 우리 다음에 다시 와요."

아내가 웃으며 말했다.

그래, 다시 와야지. 가능할지는 생각하지 않기로 했다.

딸아, 딸아, 내 딸아

지난해 가을, 하루는 딸이 물었다.

"아버지, 엄마, 저희와 함께 사시는 것이 어떠세요?"

"무슨 소리야?"

"엄마 수술 후 아버지는 식사도 제때 못 하시고…."

딸의 눈에 이슬이 맺혔다. 사 년 전 아내가 위암 수술을 받았다. 딸은 우리 내외만 사는 집에 자주 찾아와 건강을 챙기고 기온이 떨어지면 따뜻한 옷과 침구를 바꾸어 놓는 등 정성을 다했다.

나는 되도록 외출을 삼가고 아내 곁을 지키려 하지만, 예전처럼 살림을 하기에는 힘이 부치는 엄마를 보는 것이 안쓰러웠던 모양이었다.

"함께 살면 너희가 많이 불편할 텐데…. 더구나 이 서방이 있는데…."

우리는 무슨 소리냐며 손사래를 쳤다.

"아녜요. 이 서방도 모시자고 몇 차례 말했어요."

딸의 염려도 고맙고 사위의 마음 씀씀이도 고마웠다. 몇 번이나 거절하다가 연말에 두 집이 한 아파트로 합치기로 했다.

"안방과 침실은 아버지, 엄마가 쓰시고 문간방 세 개는 저희가 쓰는 것이 어떨까요?"

"너희는 세 식구인데 안방을 쓰도록 해라."

딸이 펄쩍 뛰었다.

"그런 일은 있을 수 없어요. 부모님을 모시는데…."

넓은 평수라 해도 아파트에 두 집 살림이 들어가려면 짐을 줄여야 했다. 오랫동안 손길이 머물던 가구와 의류, 책 등을 과감히 버리려니 아내와 입씨름을 수없이 했다. 이견을 조율하는 것이 이사하기보다 더 힘들었다.

"버리는 것만 상책인 줄 아세요?"

결혼할 때 혼수로 가지고 온 물건이어서, 값나가는 물건이어서, 애지중지 쓰던 물건이어서… 아깝다고 물품마다 아내의 입꼬리표가 붙어 다녔다.

"아까운 거야 당신 손때가 묻은 거라면 부지깽이라도 아깝지. 그렇지만 가지고 가면 둘 곳이 없는데 어떻게 하겠소."

말은 그렇게 했지만 오랫동안 가족을 지켜 준 집을 떠나 가구를 버리고 가려니 뒤숭숭한 건 나도 마찬가지였다. 아이들 셋이 학교에 다니며 드나들던 흔적을 어떻게 버리고, 아들 둘이 같은 달에 군에 입대해서 번갈아 가며 면회를 오가던 설렘이 지금도 생생한데, 그 아이들이 결혼하여 손자 손녀가 드나들던 숨결까지 어떻게 내동댕이친단 말인가?

이사 온 다음 날 아침이었다. 네 살 된 손자가 초록색 잠옷 차림으로 살며시 들어와 우리 품에 안겼다.

"할아버지 할머니, 안녕히 주무셨어요?"

동화 나라 초원에서 달려와 속삭이는 듯 가슴이 찡하고 뭉클했다. 손자의 보드라운 머리칼을 쓰다듬으니 마치 봄풀을 만지는 것 같았다. 낯선 방에서 맞이한 아침이었는데, 긴 겨울을 지나 봄에 들어선 것처럼 느껴졌다.

이사 소식이 알려지면서 자식은 품안의 자식이지 출가

시키면 남인데, 왜 함께 살려고 하느냐며 주변에서 만류했다. 그러나 나는 '출가 시키면 남'이라는 말을 받아들이고 싶지 않았다.

딸이 마흔 살을 넘기면서 시집을 못 보내는 건 아닐까 근심이 태산이었고, 막상 결혼시키고 보니 늦은 나이에 아이는 낳을 수 있을까 염려되었다. 기다리던 임신 소식을 들었을 때 기쁨도 잠깐, 이번에는 건강한 아기가 태어날까 또 가슴이 두근거렸다.

딸은 출산일이 가까워 오면서 하루 한두 차례 다리에 경련이 온다고 했다. 그럴 때면 종아리가 나무토막처럼 굳어져 까무러치기까지 했다. 혹시 태아에 무슨 일이라도 날까 봐 덜컥 겁이 났다. 병원으로 달려가도 응급처치만 할 뿐 속수무책이었다. 생각다 못해 혈을 풀어 보면 어떨까 하고 지압을 해 보았다. 신통하게 씻은 듯이 통증이 사라졌다.

그 후 딸의 출산 전날까지 나는 전속 지압사가 되어 지압을 해 주었다. 고비마다 가슴 졸이며 태어난 손자여서일까, 애틋함이 남달랐다.

이사 온 지 한 달쯤 되었을까? 아내가 딸에게 이끌려 병원에 다녀온 날, 나를 불렀다. 눈에 눈물이 흐르고 있었다. 순간 불길한 예감이 스쳤다. 그러나 아내의 말은 뜻밖이었다.

"나는 너무 행복해요."

"왜, 병원에서 건강에 이상이 없다고 하던가요?"

"아녜요. 딸이 나를 꼭 껴안고 '엄마가 저희 뒷바라지에 너무 지쳐서 병이 났어. 엄마, 미안해, 사랑해' 하면서 눈물을 흘리지 뭐예요. 얼마나 고맙고 기특한지 병이 다 나은 것 같아요."

나는 할 말을 잊었다. 가슴이 뭉클한데 딸에게 무어라고 말을 할 수가 없었다. 다만 속으로 되뇌기만 했다.

"딸아, 딸아, 내 딸아…."

사랑에 빠진 여섯 살 손자

함께 사는 외손자 재윤이가 여섯 살이 되었다. 다섯 살에 유아원을 마치고 올봄에 유치원으로 올라갔다. 재윤이가 오늘 아침 밥상머리에서 속삭였다.

"할아버지, 어제 아침에 문성이가 나보고 자기는 이제 사랑을 포기했다고 했어요."

"그래? 재윤이가 좋았겠네. 경쟁자가 없어졌으니."

"그런데 오후에 하는 말이 이제 사랑을 다시 시작했대요."

"그럼 다시 경쟁자가 되었네? 어쩌나, 좋다 말았네."

"그래도 할 수 없어요. 문성이는 친구니까."

재윤이는 아침마다 유치원에서 있었던 일을 할아버지

에게 얘기하는 걸 좋아한다.

반에서 효빈이라는 여자아이를 놓고 문성이뿐 아니라 남자 친구들이 다 좋아한다고 한다. 아이들과 효빈이는 우리 집에 놀러 오기도 하며 모두 친한 사이다.

어느 날 손자에게 물었다.

"재윤이는 효빈이가 왜 좋은 거지?"

"효빈이는 얼굴도 예쁘고 마음도 착하니까요."

"그래, 효빈이가 그렇게 예뻐?"

"남자애들은 공부할 때나 놀 때 효빈이 옆에 있으려고 서로 야단이에요."

"그럴 땐 재윤이가 속상하겠다."

그러던 손자가 어느 날 아침에 일어나 할아버지 할머니한테 아침 인사도 하지 않고 밥상머리에서 투정만 부리고 있었다. 좀처럼 투정을 모르던 아이가 이상했다. 유치원에 갈 시간이 다 되어도 밥을 먹지 않았다.

"알았다. 재윤이가 이렇게 엄마 말도 할아버지 말도 안 들으면 방법이 있다."

귀가 번쩍 뜨이는지 볼멘소리로 물었다.

"무언데?"

“할아버지가 오늘 유치원에 가서 효빈이한테 말해야겠다.”

“뭐라고 말할 건데.”

“효빈이에게 재윤이는 집에서 엄마와 할아버지 말 안 듣고 말썽만 부린다고 해야지.”

그 말이 떨어지자 재윤이가 소리쳤다.

“나 할아버지 미워할 거야.”

“그런데 재윤이가 할아버지 볼에 뽀뽀 한 번만 해 주면 효빈이한테 가서 재윤이는 집에서 엄마, 할아버지 말도 잘 듣고, 책도 많이 읽고, 장난감 조립도 잘하는 모범 어린이라고 말해 줄 거야.”

그러자 잽싸게 달려와 할아버지 얼굴에 뽀뽀 세례를 퍼붓는 것이었다. 할머니도 엄마도 할아버지도 온통 집안이 웃음바다가 되었다.

“이제 재윤이가 효빈이를 얼마나 좋아하는지 알았다. 효빈이 오라고 해서 맛있는 것도 많이 사주고 재윤이 칭찬도 많이 해야겠다.”

“할아버지 최고!”

재윤이는 신나서 엄지손가락을 올렸다.

며칠 후 유치원에서 돌아오자마자 재윤이가 할아버지 할머니를 큰 소리로 불렀다.

"할아버지, 할머니, 나 효빈이네 집에 초대받았어요."

손자가 신바람이 났다.

"누구누구 초대받았는데?"

"그건 나도 몰라요."

다음 날 아침 궁금해서 먼저 물었다.

"효빈이가 누구누구 오라고 했을까? 할아버지 궁금한데."

"어떤 상황인지 비밀인가 봐요. 나도 몰라요."

느닷없이 튀어나온 말인데 어린아이가 상황이라고 이야기하는 것을 보고 또 한 번 자지러질 뻔했다.

재윤이는 초청한 날만 기다렸다.

며칠 후 아침에 눈뜨자마자 초청받은 날이라고 신나하더니 그날 저녁 아홉 시가 넘어 돌아왔다. 무슨 큰일이라도 해낸 듯 웃음이 가득했다. 제 엄마도 같이 다녀왔다고 한다.

"누구누구 초청받았는데?"

"나 혼자 받았어요."

"독점했단 말이야?"

"할아버지, 효빈이가 날 보고 얼굴이 통통해서 귀엽다고 볼을 만져 주었어요. 그래서 나도 효빈이 볼을 만져 주었어요."

"우리 재윤이 참 좋았겠다."

혼자 초대받아 오후 내내 둘이 신나게 놀고도 서로 떨어지지 않으려는 것을 데려왔다고 한다.

늦둥이로 태어난 손자가 우리 부부의 노년을 무지갯빛으로 밝혀 주고 있다. 야구 시합을 하자, 축구 시합을 하자, 동화책을 사 달라. 세계 각국 수도 알아맞히기를 하자… 할아버지를 졸라대고 친구처럼 말장난하기 일쑤다.

겨울 어느 날 캄캄한 저녁이었다. 핸드폰 사용하는 것이 화근이 되어 할아버지 할머니가 말다툼을 했다. 할머니가 노여워 보따리를 들고 친정으로 간다고 나가는데 눈치만 보고 있던 손자가 할머니가 화장실에 잠깐 간 사이 보따리를 감추었다. 그리고 할아버지에게 달려와 하는 말,

"할아버지, 추운데 할머니 나가시면 절대 안 돼요. 할머니가 너무 불쌍하잖아요."

할아버지를 꾸중하는 것이었다. 밖으로 나가려던 할머

니가 그 말을 듣고 눈물을 주르르 흘렸다.

"할머니가 할아버지 미워서 나가려고 했는데 재윤이를 두고 나갈 수가 없구나."

어린 것이 눈치코치 다 알고 하는 마음 씀씀이가 신통했다.

할머니는 재윤이를 살포시 안아 주었다.

할아버지도 눈시울이 뜨거워 할머니와 재윤이를 살포시 안아 주었다.

스페인에서 만난 첫 손녀

스페인 마드리드 공항에 도착했을 때는 새벽이었다. 입국 절차를 마치고 출구로 나오는데 아들이 소리치는 소리가 들렸다.

"아버지, 엄마, 여기예요!"

피켓을 들고 헐레벌떡 다가왔다. 큰아들은 스페인 마드리드에 있는 IE 비즈니스 스쿨 MBA 과정 중이어서 며느리와 그곳에 가 있었다. 그때 거기서 낳은 첫 손녀를 만난다는 것이 꿈꾸는 것 같았다. 친구들은 손주가 중고등학교에 다니거나 대학에 다니는데, 늦깎이 할아버지가 되어 첫 손녀를 만나러 오면서 바보처럼 싱글벙글 웃음이 나왔다.

아들이 사는 아파트에 도착해서 손녀와 첫 대면을 했다.

한눈에 나를 닮은 손녀를 안아 보니 그제야 실감이 났다.

"아버지, 손녀 이름은 할아버지가 지어 주셔야지요."

"혹시 너희들이 생각해 둔 이름 있으면 말해 보아라."

"저희들 생각은 '하느님 사랑'이라는 뜻으로 '하랑'이라고 하면 어떨까 해요."

"너희들 의견이 좋구나! 아버지도 동감이다."

이렇게 아들과 내 마음에 드는 이름을 지었다. 하랑이는 고희를 맞은 나에게 세상에서 가장 귀한 선물이었다.

얼마 전부터 딸이 스페인과 영국에 있는 동생들과 이메일을 주고받는 것 같았다. 어느 날 딸이 말했다.

"아빠, 이번 생신은 특별히 고희신데 동생들이 먼 외국에서 집에 올 수도 없고 동생들 없이 지나칠 수도 없지 않아요. 때마침 방학이라 제가 부모님 모시고 함께 스페인에 갈 수 있어요. 가시면 아버지, 어머니가 그토록 보고 싶어 하시는 첫 손녀도 만날 수 있고요. 막냇동생도 런던에서 스페인으로 와서 부모님 고희에 참석할 수 있게 해 달라고 신신당부네요."

딸의 간곡한 권유에 집에서 간단히 식사하는 것으로 때우려 했던 생각을 접을 수밖에 없었다. 무엇보다도 첫 손녀를 만날 수 있다는 말에 감전이라도 된 듯 마음이 움직였다.

런던 S전자회사에서 직장 생활을 하는 막내아들도 다음날 이른 아침 마드리드 공항에 도착했다. 태양이 이글거리는 팔월에 이산가족이 다 함께 스페인에서 만나게 되니 환상적이었다.

우리 가족은 처음 해외에서 모인 시간을 보람있게 보내기 위해 먼저 프랑스 파리로 여행을 갔다. 공항에 도착하자 막내아들이 뜻밖의 제안을 했다.

"십삼 년 전 이곳에 배낭여행 왔을 때 지갑을 몽땅 소매치기 당해 오도가도 못하고 황당했는데 한국 식당에서 아르바이트를 하게 되었어요. 식당에서 보름 간 먹고 자면서 접시닦이 아르바이트를 해서 여권 만들어 집에 무사히 갈 수 있었어요. 그 사장님을 꼭 찾아뵙고 인사드리고 싶어요."

우리 가족은 그분을 만나서 고마운 뜻을 전하기로 했다. 십삼 년 전 일이라 찾기가 쉽지 않았다. 한국인 택시기사에게 물어보니 한인 식당은 오래 버티는 곳이 없다고 했다. 관광 안내도를 찾아보아도 동일 상호 식당은 없었다.

인터넷을 뒤지던 딸이 '아리랑식당'을 찾아냈다.

막내아들이 전화로 사장과 통화하고 나서야 확인할 수 있었다. 사장님이 밖에까지 나와 기다리고 있었다. 식당을 경영한 지 이십 년 동안 백여 명이 지갑을 잃고 아르바이트해서 돌아갔지만 찾아온 사람은 처음이라며 반색을 했다. 사장님은 식당에 있는 프랑스 손님들에게 맥주를 돌리면서 신바람이 나서 자랑했다.

고마움을 전하러 갔다가 오히려 융숭한 대접을 받고 돌아왔다. 이국에서 훈훈한 인정이 오갔던 드라마 같은 시간이었다. 우리는 여행 일정을 무사히 마치고 첫 손녀가 기다리는 스페인 마드리드로 갔다.

고희 날 아침, 우리 내외는 두 아들과 함께 마드리드 시내 외곽에 있는 카를로스 공원 골프장에서 운동을 했다. 아들들과 이국에서 처음 함께한 라운딩은 꿈을 꾸고 있는 듯했다. 무엇보다 값진 생일 선물이었다. 수없이 많은 고난의 고비를 거쳐 어느새 이렇게 자라준 아이들이 고맙고 대견했다.

저녁에 마드리드 시내에 아들이 예약해 둔 '가야금'이란 한인 식당으로 갔다. 식당 주인은 미역국을 끓여 놓는 등

고국 사람의 고희연을 자기 부모님 모시듯 정성을 다해 준비하고 환영해 주었다.

마침 여든셋 되신 스페인 신부님이 다른 일행과 함께 식사하러 오셨다가 우리 가족을 보고, 한국에 오랫동안 계신 적이 있다면서 반가워했다. 유창한 한국말로 고희를 축하해 주고 뜻밖에 강복까지 해 주셨다.

스페인에서 태어난 손녀의 탄생이 할아버지의 고희까지 축복하는 것 같아 깊은 감동으로 다가왔다.

삼 남매가 돌아가며 이국땅 고희연에서 들려준 진솔한 메시지는 잔잔한 감동으로 밀려왔다. 오랫동안 헤어져 있던 아들딸과 스페인에서 만나 깊은 정을 나누는 소중한 시간이 되었고, 기다리던 손녀와의 만남이 현실로 이루어진 축제의 날들이었다.

할아버지의 꿈

아침이면 "하부지, 안녕히 주무셨어요?"

저녁에 잘 시간이 되면 "하부지, 안녕히 주무세요. 하부지, 하무니, 많이 많이 사랑해요."

하루를 시작하고 마감하는 시간이 되면 두 돌 지난 손자의 문안 전화다. 천진한 소리가 천사의 울림으로 다가온다.

몇 년 전 어느 날 아침이었다.

"아빠, 오늘 신랑감 데려오려고 해요."

긴 날을 참고 기다려 온 딸의 말이었다. 십여 년을 밀고 당기는 혼담이 있었지만, 막상 데려온다고 하니 무척 설레었다. 사십을 넘긴 나이여서 묻지도 따지지도 못했다. 양가 상견례를 나누고 그해 가을 성당에서 결혼식을 올렸다.

신혼여행을 보내고서야 허전함이 밀물처럼 밀려 왔다.

시골에서 서울에 올라와 수차례 고비를 넘기면서 음악을 전공하기까지의 파노라마가 영상으로 스쳐 갔다. 처음으로 찾아갔던 선생님이 기본이 되어 있지 않다고 개인 지도를 거부한 일, 예중 · 예고에 연이어 낙방한 일, S대를 고집하다 보낸 삼수는 본인의 충격과 부모의 가슴에 지울 수 없는 앙금을 남겨 놓았다.

십 년을 하루같이 실기 지도를 받으러 강남 역삼동에서 서대문 연희동까지 기사로 매니저로 분신처럼 따라다니던 날들도 옛날로 사라져 가고 있었다. 그렇게 숙원이던 결혼은 시켰지만, 이번엔 지각 결혼이라 아기는 낳을 수 있을까 하는 걱정이 시작되었다. 차마 입 밖에 내지도 못하고 딸의 눈치만 살폈다.

한 해가 지나가도 소식이 없어 애태우던 어느 날 임신 소식을 알려왔다. 노산인데 건강한 아이가 태어날 수 있을까? 부모의 마음은 이래저래 좌불안석이었다. 육 개월이 지나 만삭이 되어 가면서 밤마다 다리에 경련이 일어나 뜬눈으로 밤을 새운다고 고통스러워했다. 딸을 지켜볼 수만 없었다.

나는 사업하면서 피곤할 때 지압을 받아본 경험을 살려 지압으로 풀어 주었다. 그 때문에 잠이 잘 오고 태중의 아기도 잘 움직인다고 했다. 아기가 태어나기 전날까지 전속 지압사 노릇을 했다.

출산 예정일이 계묘년 12월 말경인데 다음 해 갑진년 1월 3일 자정이 될 무렵 건강한 손자가 태어났다. 자연분만을 원했지만, 노산이어서 수술로 낳았다. 이어서 27일에는 친손자가 태어났다. 할아버지가 용띠인데 갑자기 용띠가 셋이 되니 용띠 부자가 되었다. 더구나 육십 년 만에 온다는 흑룡 해에 친손자, 외손자가 같은 달에 태어나 겹경사가 났으니 놀랍기도 하고 기뻤다.

칠학년을 훌쩍 넘기고 턱걸이로 손녀 손자를 만났다. 나도 손주들을 두었다는 사실이 그렇게 자랑스러울 수가 없다. 마치 나 혼자 손주를 둔 것처럼….

딸이 손자를 보아 달라고 전화가 오면 우리 내외는 날개를 달고 달려간다.

손자와 만날 때마다 무아지경으로 빠져드는 듯하다. 두 돌이 지나면서 말문이 열려 질문 공세가 끊일 줄 모른다.

"하부지, 이게 뭐야? 하부지, 이게 뭐야?"

그 질문에 대답하며 행복에 취한다. 손자와 함께 차를 타고 가다 빨간 신호등이 켜지면 손사래를 치며 '중지' 하고 소리치고 파란 신호가 켜지면 '출발'이라고 소리친다. 딸이 식당 가는 길을 물었을 때 할아버지가 모른다고 말하면 "하부지, 바보" 해서 할아버지는 졸지에 바보가 된다.

"할아버지에게 바보라고 하면 안 돼요."

"하부지, 미안 미안."

손사래를 치며 애교로 답한다. 어른들이 주고받는 대화를 빠트리지 않고 반복하고 새로운 단어가 총알처럼 튀어나오기도 한다. 그럴 때 놀라움이 샘물처럼 솟아난다. 살아간다는 것이 이런 것인가 싶다.

인생 노을 길을 걸어가면서 "아버지" 하고 아들딸의 목소리가 들려오면 생기가 나고, 손자 손녀의 재롱을 보면 무아지경에 빠진다.

손주들과 소통하기 위해 동화구연을 배우고 있다. 초급반 서른 명 정원에 남자는 나 혼자다. 수업 중에 성대 묘사를 할 때면 민망스러워도 얼굴에 철판을 깔고 어울린다. 그래도 배워야 손자 손녀와 더 가까워지지 않을까 해서 애써 버틴다.

엄마 게와 아기 게 이야기, 바닷물고기 덩치 이야기, 사랑에 빠진 개구리 이야기, 손가락 가족 이야기, 지렁이와 나비의 세상 구경 이야기…. 목소리를 바꿔 가며 들려주면 손자 손녀는 할아버지 이야기에 푹 빠져 정신없이 매달린다.

하루가 다르게 커가는 손자 손녀를 보면서 어떻게 보듬고 가꾸어야 사람다운 사람으로 키울 수 있을까 생각한다. 애정 어린 손길에 따라 아이들을 바르게 키울 수 있을 텐데….

멀리 런던에서 태어나고 자라는 막내 손자에게도 할아버지의 염원이 함께 이루어지기를 기도한다.

모든 정보가 노출되어 있어 사리분별이 어려운 어린이들을 바르게 키우기가 만만치 않은 세상이다. 독일의 유치원 교육처럼 글자와 숫자가 아닌 자연을 호흡하게 하고 자연의 향기 속에서 사람 냄새 나는 사람으로 키우고 싶다.

봄, 여름, 가을, 겨울의 변화하는 과정을 몸으로 느끼게 하고 자연과 함께 어우러져 감성과 인성을 쌓아가게 하고 싶다. 자연의 품에서 상상력, 친화력, 창의력을 펼치며 옳고 그릇됨을 알고 성장하는 손주들이 되었으면 한다.

나는 지나간 삶의 과정을 돌이켜보면서 눈뜨지 못하고

살아온 세월을 후회할 때가 있다. 다시 한 번 그 시절로 돌아갈 수 있다면 더 나은 완성을 이룰 수 있겠다는 생각으로 돌아오지 못할 옛날을 회상하며 추억에 잠기곤 한다. 손주들에게 물려줄 수 없는 할아버지의 고백이다.

그러나 못다 한 꿈을 손주들의 희망을 함께 가꾸어 가는 할아버지로 남고 싶다.

소통의 문

삶은 언어와 함께 긴 여행을 하는 것이 아닐까? 남자는 하루 일만 단어의 말을 하고 여자는 이만 오천 단어의 말을 한다고 한다. 말은 어떻게 가꾸고 다듬어서 사용하느냐에 따라 삶의 질이 달라진다.

서울에서 분당으로 이사할 때의 일이다. 이십 년 정든 집을 떠난다는 것이 자식을 두고 떠나는 것처럼 속이 아렸지만, 한편 신도시 새 아파트로 이사 간다는 잔잔한 설렘도 있었다.

새 집에 도착해서 정신없이 짐정리를 하고 있는데 아래층에 산다는 육십 대 초반으로 보이는 남자가 찾아와 험상궂은 얼굴로 시끄럽다고 소리를 질러댔다. 황당했지만 죄인처럼 사과하고 이삿짐을 정리했다. 이웃이 이사를 오면 반기는 인사가 오가야 할 텐데 첫 출발부터 예사롭지 않았다.

그 후 거실에서 몇 발짝만 걸어도 시끄럽다고 올라오거나 인터폰으로 호통을 치곤 했다. 다음 해 설 연휴에 집을 비우고 엿새 동안 가족 여행을 하고 돌아온 날이었다. 현관문을 열고 거실로 가방을 옮기고 있는데 기다렸다는 듯이 쫓아 올라와 어제도 그제도 시끄러워 잠을 잘 수가 없었다고 생떼를 썼다.

일주일 간 해외 여행을 하고 돌아오는 길이라 빈집이었다고 설명했지만, 철벽처럼 소통이 안 되었다. 다음 날 부인이 찾아와 정신 질환자니 이해해 달라고 사과했다. 그러나 그 후로도 항의가 계속되어 일 년 만에 다시 이사를 할 때까지 하루도 편할 날이 없었다.

다시 이사할 때는 딸이 음대 피아노과 입시 준비생이어서 건축 초부터 바닥과 벽, 천장까지 방음장치를 하고 입주했다. 우리 집은 3층 빌라 중 2층이어서 1층 집과 3층 집에 찾아가 음대 입시생이 있다고 사전에 양해를 구했다.

그러나 몇 개월 지나지 않아 염려했던 일이 생겼다. 아래

층이 아닌 위층에서 시비를 걸어왔다. 주말과 평일 아침 저녁 피아노 소리를 내지 말라는 금지령을 내렸다. 예고가 아닌 인문계 고교를 다니면서 음악 공부를 하는 것도 힘든데 이처럼 난관이 많을 줄 예상하지 못한 일이었다.

입시를 눈앞에 둔 부모의 초조한 마음은 겪어 본 사람만이 안다. 예고는 일반 교과 여덟 과목 수업을 듣고 실기 위주의 연습을 맹렬히 한다. 반면 인문계 고교에서는 교과 과목이 열 가지가 많은 열여덟 과목을 수업하고 실기 지도는 별도로 틈틈이 받아야 한다.

인문계 출신은 연습 시간이 턱없이 부족해서 실기를 따라잡을 수가 없었다. 딸은 개인 지도를 받기 위해 서대문구 연희동에 있는 선생 집을 일주일에 두 번씩 갔다. 나는 강남에 살 때도 분당으로 이사한 후에도 딸을 데려다 주기 위해 십 년을 하루같이 다녔다.

고교 재학 중에 우리 부부가 교장 선생님을 찾아간 일이 있었다. 예능계로 진학할 학생들은 학과목을 예고와 같은 수준으로 맞추어 지도해 달라는 건의를 하기 위해서였다. 교육부 방침이 있어 절대로 허락할 수 없다고 했다. 설 자리가 없었다. 그런데 집에서 연습할 시간마저 빼앗겼으니 난감했다.

때로는 학원을 빌리기도 하고 전문 스튜디오를 전전하면서 곡예하듯 입시 준비를 할 수밖에 없었다. 딸의 실망도 점점 커갔다. 결과는 삼수라는 아픈 상처를 안아야 했다. 나는 그것이 불안정한 환경 때문인 것 같아 딸에게 미안한 마음뿐이었다. 실의에 빠진 딸을 위로하기 위해 가족이 함께 여행을 다녀오기도 했다.

딸은 여행을 다녀온 후 그동안 고집했던 S대를 접고 삼수 끝에 Y대에 입학원서를 냈다. 실기 시험 날, 네 시간 동안 부모가 할 수 있는 일은 간절한 기도뿐이었다. 시험장 밖에서 가슴 졸이며 초조하게 기도하던 기억은 잊을 수가 없다. 합격자 발표일이 다가왔다. 합격이었다. 축하 전화가 빗발쳤다.

그러나 대학에 입학만 하면 저절로 졸업하는 줄 알았는데 수시로 연주회를 해야 하고 연습하는 과정이 끝없이 이어졌다. 그럴 때마다 연습 장소가 문제되어 졸업할 때까지 괴롭혔다. 그 힘든 과정은 딸이 석사과정을 이수하기 위해 유학을 떠나면서 멈추었다.

마치 태풍이 지나간 것 같은 고요함이 밀려왔다. 그제야 내가 어느 곳에 서 있는지, 내 자리가 어딘지 자신을 돌아보았다. 강남 개나리아파트에서 기초를 닦던 그 시절, 그 십육 년은 아침 일곱 시부터 밤 열한 시까지 연습해도 시비를 걸어온 적이 한 번도 없었다. 그러기에 딸이 음대에 대한 꿈을 접지 않고 키울 수 있었다.

가장 중요한 시기에 음악인으로 성장할 수 있도록 배려해 준 그때 이웃의 고마움을 잊을 수 없다. 아랫집 윗집을 찾아가 면목 없다고 사과하면 자식 키우면서 서로 이해하고 양보해야 한다고 오히려 위로받고 오곤 했다.

분당에서 만난 이웃과 제대로 소통을 못했던 것도 돌아보니 내가 이웃을 어떻게 대해야 하는지 생각할 수 있는 기회가 되었다.

인생은 비바람 눈보라를 피해 가는 것이 아니라 폭풍우 속에서도 춤을 추어야 한다고 한다. 얼음을 녹이는 것은 불이 아니라 부드러운 물이라고 한다. 나그네의 옷을 말리는 것은 차가운 바람이 아니라 따스한 햇볕이라고도 한다.

삶은 소통의 연속이다. 소통을 통해 자신의 단점을 찾아내고, 마음의 결을 되짚어 보고, 진실된 가치를 찾아 미래를 열어 가는 것이리라.

성장기에 입시를 통하여 온갖 시련을 이겨내고 원하는 과정을 거쳐 후학을 지도하는 모교 강단에 선 딸에게 주고 싶은 말이다. 쓴 경험이 교육자로서 큰 도움이 되고 있다는 기쁜 소식이 들려올 때면 감회에 젖곤 한다.

나의 목련꽃

1968년 3월 15일 새벽, 나는 날이 밝기만을 기다리고 있었다. 친구가 장가가는 날인데 내 마음이 자꾸 설레었다. 결혼하는 친구의 신부가 자기 친구들이 많이 오니 마음에 드는 사람을 점찍으라고 했기 때문이다.

어떤 여인들이 나타날까? 마음은 벌써 콩밭에 가 있었다. 그 해 내 나이 스물아홉. 해가 바뀌는 순간 삼십 대 노총각 딱지가 붙을 것이 두려웠다.

지루한 결혼식이 끝났다. 피로연을 위해 친구들과 함께 신랑 집으로 몰려갔다. 연회가 막 시작되려는 순간이었다. 내가 앉은 맞은편 방문이 열리면서 단아한 모습의 아가씨가 들어왔다. 나와 친구들의 시선이 모두 그쪽으로 쏠렸다. 훤칠한 키, 환한 얼굴에 베이지색 코트가 잘 어울렸다. 눈에 띄는 미인이라고 할 수는 없지만, 분위기 있는 모습이 나의 눈길을 끌었다. 한 송이 목련꽃이었다.

"저 아가씨 누구지?"

신랑에게 나직이 물었다.

"왜, 누군지 몰라? 우리 동창 주헌이 동생이야."

같은 반은 아니었지만 주헌이는 언제나 진남색 교복을 단정하게 입고 다니는 멋쟁이였다. 그녀는 스물네 살. 졸업 후 서울에 있는 D직물회사에 근무한다고 했다.

그 후 나는 그녀의 사촌오빠 소개로 그녀가 근무하는 회사 부근 종로에서 첫선을 보았다. 결혼 생각은 아직 없지만 서울에 올라오면 가끔 연락하라고 했다.

이후 우리는 주말이면 서울과 안성을 오가며 서로 믿음을 쌓아 나갔다. 그 과정에서 사촌오빠의 응원이 큰 역할을 했다.

만난 지 삼 개월이 지나 신부 집에서 약혼식을 올리고 다음 해 3월 30일 안성에서 결혼식을 올렸다. 신혼여행은 3박4일 온양온천으로 갔다. 온양 관광호텔에서 첫날밤을 보내고 아침밥을 먹는데 신부가 무언가 할 말이 있는 듯

머뭇거렸다. 내가 말했다.

"서슴지 말고 말해 봐요."

"호텔비가 너무 비싼데 여관으로 옮기면 안 될까요?"

신부의 마음 씀씀이가 그렇게 고마울 수가 없었다.

"말은 고맙지만 일생 한 번인 신혼여행인데 그럴 수 없지요."

우리는 남은 기간 호텔에서 머물기로 하고 관광 코스인 현충사로 갔다. 먼저 이순신 장군이 식수로 이용했던 충무정을 찾았다. 정성을 가득 담아 신부에게 물을 떠주며 말했다.

"이 물을 마시고 이순신 장군 닮은 아들을 낳아 주시오."

신부는 부끄러운 얼굴로 "네" 하고 대답했다. 낮은 목소리지만 분명했다.

신혼여행을 마치고 안성으로 돌아와 부모님 계신 시골집을 향해 십리 길을 걸었다. 겨우내 얼었던 황톳길이 녹아서 발이 푹푹 빠지는 바람에 걷기가 힘들었다. 누가 볼까 봐 신부를 업을 수도 안을 수도 없었다. 신부에게 미안한 마음에 농담 섞어 말을 걸었다.

"우리 동네는 마누라 없이는 살아도 장화 없이는 못 사는 곳이에요."

"그럼 내가 장화만도 못하다는 말 아니에요?"

말을 받아 톡 쏘았지만, 그녀의 얼굴에는 웃음이 가득했다.

당시 나는 첫 사업으로 안성 읍내에서 아모레화장품 대리점을 운영하며 사무실에서 숙식하고 있었다. 아내는 시골에서 신랑 없는 신방을 지켜야 했다. 사업은 안정 상태로 접어들었지만, 가족의 생계가 달려 있어 잠시도 한눈을 팔 수 없었다.

그해 모내기철이 다가왔을 때, 낮에는 시어머니 밭일 하시는 일터에 새댁이 밥광주리를 머리에 이고 가면서 하염없이 눈물을 쏟고, 밤에는 논에서 울어대는 개구리 소리에 오지 않는 신랑을 기다리며 눈물로 외로움을 달랬다고 한다.

일 년 후 부모님을 모신 아홉 식구가 안성 읍내로 이사했다. 방 두 칸 셋방살이부터 시작했다. 신혼의 달콤함도 잊은 채 아내는 온 가족 수발드는 일로 눈코 뜰 새 없었다. 힘겨운 생활 속에서도 나 혼자 가족을 부양하는 일이 버겁게 보인다며 옷가게라도 해서 돕고 싶다고 졸라댔다.

그렇게 해서 세 아이의 엄마로도 바빴던 아내의 어깨에 또 하나의 짐이 실렸다. 낮이면 장사하고 밤이면 비포장도로를 달리는 버스에 몸을 실었다. 다섯 시간을 가야 서울 용산 시외버스터미널에 도착했다. 남대문 도매시장은 새벽 네 시에 가지 않으면 새로 나온 제품을 구매할 수 없기 때문이다.

새벽에 의류와 잡화를 여러 개 보따리에 싸서 내려올 때면 녹초가 되어 버스에서 부족한 잠을 채웠다. 갓난아이를 두고 하루를 떠나 있을 때, 젖이 불면 아기 생각에 목이 메이기도 했다. 겹친 과로를 이기지 못해 폐결핵 등 잔병이 떠날 날이 없었다.

그런 세월이 어느새 십 년을 지나고 있었다. 그동안 아내의 온화한 성품과 안목으로 옷가게는 소형 백화점으로 자리를 잡아가고 있었다. 사업이 안정되어 가면서 새집을 지어 십이 년의 오랜 셋방살이도 마감했디. 병환 중이던 아버님은 새집으로 이사하고 나서 다음 해 돌아가시고, 위로 형과 세 동생들은 결혼시켜 제자리를 찾아가게 했다.

사업은 날로 번창해 갔지만 시골 읍내에서 아이들 교육이 문제였다. 게다가 인구 십이만의 열악한 소비시장에서 미래를 설계하기가 어려웠다. 1978년 사업을 정리하고 남은 가족과 함께 꿈꿔 오던 서울로 이사했다.

남편을 돕는 한편 어머니 병시중, 군에서 제대한 시동생 취업과 결혼, 분가시키는 일, 막내 시누이 시집 보내는 일까지 모두 아내의 몫이었다. 거기다 우리 아이들 삼 남매 교육 등 무거운 짐을 벗을 날이 없었다. 나는 차남이었지만 아내보다 부모 형제를 먼저 생각하는 융통성 없는 남편이었다.

몇 해 전 여름, 예술의전당에서 딸의 학위기념 독주회가 있던 날 기쁘기도 했지만, 그 다음 날 아내의 위암 수술이 기다리고 있어 우울하고 참담했다.

딸은 연습할 때도 연주하는 시간에도 야위어 가는 엄마를 생각하며 가슴이 미어졌다고 한다. 불행 중 다행으로 수술은 무사히 마쳤지만, 바닥난 체력과 음식 조절로 힘겨운 나날을 보냈다.

밤낮을 가리지 않고 가족을 위해 헌신해 온 아내. 세월이 지날수록 건강이 좋지 않다. 가물거리는 기억력과의 싸움. 내 힘으로 어쩔 수 없는 그 미궁의 상태가 안타깝기만 하다.

내가 할 수 있는 일은 될 수 있으면 외출을 삼가고 아내와 시간을 함께하는 것이다. 내 가족의 안정을 위해 긴 세월 자기 자신을 바친 아내다. 그의 마음속 깊은 곳에 쌓였을 슬픔과 절망을 덜어낼 시간이 필요하다.

갖춘 것 없는 가난한 낭인에게 믿음 하나로 다가와 굴곡의 오십 년. 오늘이 있기까지 가족을 위해 자신을 던진 사람. 가족이라면 누구의 허물도 탓하지 않고 감싸 준 사람. 나는 그런 아내에게 아무것도 해 준 게 없다. 준 것이 있다면 힘든 세월의 무게라고나 할까.

우리의 남은 생이 얼마일지 모르지만 나는 아내에게 진 빚을 조금씩 갚아가야 하리라. 그 길만이 길이리라. 그동안 많이 미안하고 고마웠는데, 지금도 깊이 사랑하는데….

아직도 처음 만났을 때 내가 느꼈던 한 송이 목련꽃이 아내의 주름진 얼굴 저편에 환하게 피어 있다.

나의 로사에게

함박눈 소복이 쌓인
맑은 영혼의 로사

세상에 무엇과 비교할까요
빈 수레뿐인 나에게 다가온 당신

삶의 험한 계곡 굽이굽이
불평 한마디 없이 함께해 온 당신

당신은 내 삶을 지탱해 준 아낌없이 주는 나무
황혼의 길목에서 더욱 가슴 저려라

낮에는 당신을 바라보는 해바라기로
밤이면 여객선 기다리는 나그네 마음으로

봄이면 꽃을 기다리는 나비의 설렘으로
여름이면 소낙비 기다리는 한 그루 나무로

나의 모든 사랑 로사에게 바칩니다.

2 _ 어머니의 일기

문패를 달아 드렸어야 했는데

어느 해 봄날이었다.

우리 마을 진구네가 초등학교 가는 길목에 흙벽돌로 초가집을 짓고 있었다. 아버지는 진구네 집 짓는 데 가서 하루 일을 도와주라고 하셨다. 그날이 상량식이 있는 날이라 간단한 잔치가 있었고 동네 어른들과 함께 아버지도 오셨다. 아버지는 짓고 있는 집을 부러운 눈으로 바라보다가 내게 말씀하셨다.

"우리 아들도 결혼하면 이런 집을 지어 주어야 할 텐데…."

순간 나는 화가 나서 볼멘소리를 질렀다.

"아버지, 나는 이런 흙벽돌집 짓고 살지 않을 거예요."

뜻밖의 반발에 당황하신 아버지는 일을 끝내고 집으로 돌아온 나를 위로해 주셨다. 좋은 집 지어 주고 싶은 마음이야 있지만 아홉 식구 살아갈 길도 어렵다 하시며 몹시 우울해하셨다. 아버지는 마을에 새로 시작한 정미소 사업에 실패하면서 지병을 얻으셨고, 부채가 늘어 파산 위기에 놓여 있었다.

어느 초겨울 날이었다. 고등학교 졸업반이던 동생이 학교에서 돌아오면서 서울에 있는 T사에서 화장품 대리점을 모집하는 전단을 가지고 왔다. 혹시 나도 할 수 있을까 하는 생각이 번개처럼 스쳐 갔다. 며칠 후 온갖 상상의 나래를 펴며 서울에 있는 T사로 대리점 계약 담당자를 찾아갔다. 그러나 이미 계약이 마감된 상태였다. 뒤통수를 얻어맞은 듯 앞이 캄캄했다. 넋을 잃고 모깃소리로 말했다.

"경기도 안성 지역도 계약되었습니까?"

"그곳은 계약할 수 없는 영세한 지역입니다."

담당자가 고개를 저었다. 난감했다. 순간, 가난이 영상처럼 뇌리에 맴돌았다. 물러설 수 없다는 절박함이 도리어 오기로 발동했다. 지역은 영세해도 내가 책임진다는 조건을 내세워 끈질기게 매달렸다. 그때 돈으로 보증금

십만 원, 쌀 열두 가마니 값에 합의를 끌어냈다. 그러나 집에 와 보니 난관은 곳곳에 도사리고 있었다. 부모님은 있는 빚도 걱정이 태산인데 빚을 더 얻을 수 없다며 극구 말리셨다. 더구나 경험 없는 방문판매 사업도 무모한 짓이라고 손사래를 쳤다. 그런 지 며칠 후 아들의 끈질긴 호소에 어쩔 수 없었던지 사채 십만 원을 얻어 주셨다.

원했던 경기도 안성 지역을 담당하는 대리점을 개업했지만, 앞날을 가늠할 수 없는 터라 잠을 이룰 수 없었다. 마음속에는 먹구름 낀 날이 더 많았다. 길을 찾아 판매 전략을 캐내는 데 혼신을 다 바쳤다. 아이디어가 하나씩 솟아나기 시작했다. 그리하여 오 년 만에 전국 최우수 대리점이라는 기적을 이루었다. 본사에서 금메달도 받았다. 부모, 형제와 함께한 그늘진 생활도 안정을 찾게 되었고, 결혼하여 부모님께 손자 손녀도 안겨 드릴 수 있었다. 지병을 앓는 부모님과 함께한 객지생활 십이 년, 불편했던 열한 식구 셋방살이도 마감하게 되었다.

1976년 봄, 집을 짓기로 마음을 굳히고 읍내 중심 주택가에 집터를 마련했다. 어떻게 어떤 집을 지을 것인가?

먼저 설계부터 신경을 썼다.

곰곰이 생각한 끝에 서울에 새로 개발하는 강남 영동지구의 견본 주택을 찾아 나섰다. 연이틀 헤맨 끝에 논현동에서 발길을 멈추게 하는 멋진 집을 보게 되었다. 내부 설계가 궁금했다.

"실례지만 설계도면을 볼 수 없을까요?"

말을 불쑥 던지고 가슴을 졸이며 서 있는데 집주인이 설계도면을 찾아와 내밀었다. 서울시청 부근에 있는 D건축설계사무소의 작품이었다. 쏜살같이 찾아갔다. 집 지을 장소를 묻는 설계사의 말에 경기도 안성 읍내라고 했다.

지방이면 설계도면은 그려줄 수 있지만, 그 지방 목수와 기술자들이 지어야 한다고 했다. 서울에도 일이 넘쳐나 지방까지 갈 수 없다는 것이 이유였다. 난감한 일이었다. 설계가 아무리 훌륭해도 집 짓는 기술자들이 설계와 다르게 지어 놓으면 의미가 없었다.

'얼마나 기다려 온 내 집 짓기인가.'

그림 같은 집을 포기할 수 없었다. 끈질긴 줄다리기 끝에 승낙을 얻어냈다. 일정을 정하고 대목수부터 잡부까지 팀을 만들어 안성으로 내려오게 했다. 그렇게 두 달 보름,

침식을 제공하면서 지하 1층에 지상 2층으로 꿈에 그리던 서구식 집을 지었다.

흙벽돌로 초가집을 지어 주고 싶다는 아버지의 뜻을 거부했던 철부지가, 십사 년 만에 읍내 중심지에 많은 사람이 부러워하는 그 당시 강남 스타일의 집을 지었다. 십이 년 셋방살이도 종지부를 찍게 되었다. 무엇보다도 빚에 시달리던 부모님의 소망을 이루어 드린 것이 큰 보람이었다. 입주하는 날, 잔치가 끝나고 아버지가 나를 안방으로 불렀다.

"아버지가 못 이룬 뜻을 둘째가 다 했으니 기쁘구나. 이제 소원을 이루었으니 여한이 없다" 하며 내 손을 꼭 잡으셨다. 아버지의 따듯한 손길은 지난날 철없이 투정부렸던 죄스러움을 조금이라도 내려놓을 수 있게 했고, 내 삶에 영원히 지워지지 않는 향기로 남아 있다.

새로 지은 집은 아버지의 보람이었고 긍지였다. 가족을 위한 삶의 무게가 무거워 지병을 얻으신 아버지, 파산의 위기에서도 아들 집 지어 줄 꿈을 꾸시던 아버지, 편히 오래 모시지 못한 한을 남기고 분신처럼 사랑하던 가족을 가슴에 품은 채 회갑 다음 해에 돌아가셨다.

아버지가 생각날 때면 '문패'가 떠오른다. 내가 처음 지은 집이 아버지의 집이었는데 생전에 아버지 함자가 새긴 '김상진金祥鎭'이라는 문패를 달아 드리지 못한 아둔함이 두고두고 회한으로 남아 가슴을 적신다.

어머니의 일기

어머니는 아들 넷에 딸 셋을 낳아 기르셨다. 아침에 눈을 뜨면 마을 끝에 있는 우물에서 물을 길러 물동이로 여 나르는 일로 하루의 문을 열었다. 몇 번씩 길어 온 물로 아홉 식구 밥을 짓고 세수하고 빨래까지 했다.

아버지는 농촌에 살지만 농사꾼이 아니어서 일을 못하셨다. 마을에 정미소를 짓고 설치부터 전기, 도정까지 허가 문제로 수난을 겪으면서 신경성 위장병을 얻었고 가정은 가난이 따랐다. 이후 마을 구장지금의 里長 일을 보다 면사무소 서기로 근무했었다.

봄이 오면 춘궁기가 따라오고 먹을 양식이 떨어질 때가 많았다. 그럴 때면 어머니의 근심은 하늘에 닿았다. 밥솥에 물을 가득 부어 끓이면 멀건 죽이 되고, 식구들 다 퍼주고 나면 밥풀 하나 없는 미음 한 공기가 어머니 식사였다. 나는 허기진 배 채우는 데 급급해 모른 척했지만, 돌아보면 어머니의 눈물겨운 희생이었다.

어머니는 미음으로 아침을 때우고도 밭에 나가 시금치, 아욱, 상추, 무와 배추는 씨를 뿌리고 오이, 참외, 호박은 씨를 심었다. 감자는 조각으로 나누어 심고 고구마는 싹을 내어 줄기를 심었다. 어머니는 그 작물들이 어서 자라 밥상에 올릴 수 있는 날을 손꼽아 기다렸으리라.

오월이 오면 모내기가 시작되고 어머니는 품앗이로 일을 다니셨다. 위로 아들뿐이어서 점심때가 되면 둘째 아들인 내가 젖먹이 동생을 업고 젖 먹이러 가곤 했다. 아카시꽃이 흐드러지게 핀 산길을 지나 보리밭 사이로 걸어가면 종달새가 하늘 높이 올라 지지배배 노래했다. 맑고 청아한 소리가 왜 그렇게 마음에 와 닿던지, 그 소리에 취해 넋을 잃기도 했다.

굽이를 돌아가면 어머니의 일터가 보였다. 몸빼에 베적삼을 입고 논에서 일하던 어머니가 언제 보았는지 맨발로 뛰어나오셨다. 빼앗듯 어린 동생을 품에 안고 "아이구,

내 새끼 딱해라. 아이구, 내 새끼 딱해라…" 하는 말을 연발하며 퉁퉁 불은 젖을 먹이셨다.

논 언저리 미루나무 그늘에 밥상이 차려지고 일하던 농부들이 둘러앉아 못밥을 먹었다. 나도 자리 잡고 밥을 먹었다. 이집 저집 돌아가며 마을에 모내기가 끝날 때까지 이어졌다. 집집이 경쟁이라도 하듯 날마다 반찬이 달랐다. 여럿이 먹는 들밥, 아욱국은 유난히 맛있었다. 그런데 어느 날은 맛이 있고 어느 날은 맛이 없었다. 집집마다 음식 솜씨가 다른 것을 그때 처음 알았다.

"우리 아들 애썼네, 우리 아들 애썼네. 배고픈데 많이 먹어."

아들이 안쓰러운 어머니는 입버릇처럼 거듭 말하곤 했다.

마을 모내기가 끝나면 어머니는 밭에 심은 감자, 고구마, 오이, 호박 등 농작물 밑거름으로 오물을 머리로 여 날랐다. 작물은 잘 자라 꽃이 피고 열매가 주렁주렁 열렸다.

어머니는 농사지은 콩이며 여러 잡곡과 가지런히 다듬은 채소를 머리에 이고 장터로 가곤 했다. 이삼십 리나 되는 안성장이나 평택장까지 머리에 이고 걸어 다니셨다. 장터에 놓고 자리를 잡으면 금세 다 팔렸다.

나는 어머니가 장에 갈 때마다 맨몸으로 걸어가도 힘든데 당신 몸집만 한 온갖 농산물을 머리에 이고 간다는 것이 어린 마음에도 몹시 안타까웠다. 그것이 집안의 유일한 수입원이니 어쩔 수 없었다. 그 돈으로 식구들 옷도 사고, 학용품과 고무신도 사고, 아버지 반찬으로 굴비도 사오셨다.

농사일은 한번 시기를 놓치면 일 년을 고생해야 하고, 아홉 식구 뒷바라지와 농사일까지 어머니가 감당하기엔 너무 벅찬 일이었다. 다행히 우리 형제가 커가면서 어머니의 손발이 되어 드릴 수 있었다. 집안일보다 바깥일이 더 많은 아버지의 자리를 우리 형제가 도울 수 있어서 어머니의 짐이 좀 덜어졌을까?

여름이 오면 보리 밀 베어 타작하여 수확하고 곧이어 콩 심고 팥 심으면 폭염 속에 김매기가 시작되었다. 약빠른 형은 무슨 핑계든 대고 어디론가 가버리고 어머니와 둘이서 김을 매야 했다. 이때부터 나는 애꿎은 어머니에게 투정을 쏟아 냈다. 울화가 치밀어 소리를 질렀다.

"이런 일 시키려고 자식을 낳았어요?"

"그래, 그것이 마음대로 되면 무얼 걱정하니, 이놈아!"

어머니는 부모를 이해하지 못하는 아들을 섭섭해하셨다. 한바탕 말다툼이 벌어지고 나면 어머니 눈에서 눈물이 흐르고 나는 불효했다는 생각으로 용서를 빌곤 했다.

칠월 칠석날이 오면 어머니가 장독대 터줏가리에 모셔 놓은 벼를 절구질로 찧어 밥을 지었는데, 여름내 깡보리밥만 먹다가 그 부드러운 쌀밥 맛에 감탄이 절로 나왔다.

저녁이면 휘영청 떠오른 달빛 아래 마당에 멍석 깔고 모깃불 피워 놓고 가족이 오손도손 이야기 나누며 감자와 옥수수 잔치를 하고, 어느 날은 시원한 참외, 수박으로 무더위를 쫓았다. 하늘에서는 북두칠성이 부러운 듯 별똥별을 사신으로 보냈다. 이럴 때면 고단한 어머니의 얼굴에 함박웃음이 달빛처럼 쏟아졌다. 어머니를 생각하면 그때 해맑게 웃으시던 모습이 떠오르곤 한다.

가을, 콩걷이 팥걷이 수수농사 탈곡까지 어머니의 몫이었다. 겨울 밥상에 올릴 반찬으로 동치미, 배추김치, 총각김치, 막김치, 파김치를 독마다 가득 담아 광에 나란히 세워 두는 일도 어머니 담당이었다.

봄 여름 씨 뿌리고 가꿔 열매 거두기에 혼이 빠질 만큼 분주한 계절을 어머니는 그렇게 보내셨다. 어머니가 일하는 곳에 언제나 내가 조연으로 따라다녔다.

추운 겨울에도 어머니는 쉴 틈이 없었다. 동짓달 짧은 해, 가족 뒷바리지도 힘겨운데 아버지와 가마니 짜기가 일상이었다. 그럴 때면 아버지는 조수 역이고 어머니는 기능공 역이었다.

어머니는 청춘도 한평생도 오로지 가족을 위해 허리 한 번 펼 새 없이 사계절을 태우셨다. 어머니의 삶을 돌이켜 보면 희생으로 점철된 일기장을 보는 것 같아 불효를 어떻게 씻을 것인지 아쉬움과 그리움만 밀려온다.

잃어버린 오십 년 고향이 품다

토요일 오후였다.

"가을 하늘이 맑은데 드라이브 어때요?"

아내가 오랜만에 먼저 말을 꺼냈다. 나는 목적지도 정하지 않은 채 남쪽으로 핸들을 돌렸다. 동백을 지나 용인을 거치면서 목적지를 정해야 할 것 같아 물었다.

"가고 싶은 곳 있으면 말해 봐요."

한참 뜸을 들이다 말을 꺼냈다.

"당신 고향 곰다리 어때요."

아내는 오십 년 전 시집살이 하던 추억을 떠올리며 그곳을 가보고 싶어 했다. 어머니가 김맬 때면 광주리에 밥을 이고 다니던 새댁 시절을 더듬고 있었다.

나는 신혼 시절 사업한다고 읍내에 있었고, 아내는 시부모를 모시고 농사일을 돕고 있었다. 그 후 부모 형제가 떠난 고향을 까맣게 잊고 살았다.

고향이 어떻게 변했을까 궁금했다. 청명한 하늘 뭉게구름이 고향 길을 안내했다. 꽃길 따라 찾아간 곰다리는 오십 년 전, 새마을 깃발이 휘날리던 마을이 아니었다. 어머니가 김매던 콩밭은 배밭으로 변하여 형체를 찾아보기 어렵고 풀벌레들만 쓸쓸하게 합창을 하고 있었다.

어린 시절 함께했던 초등학교 동창을 찾아 골목길을 돌았다. 넓은 옛길은 오간 데 없고 겨우 지나갈 만큼 좁은 길이 얼기설기 엮여 있었다. 한참을 헤매고 있는데 친구 이름이 새겨진 문패가 눈에 띄었다. 대문이 활짝 열려 있고 백발의 할머니가 평상 위에서 추석에 쓸 솔잎을 고르고 있었다.

"할머니, 하수환 씨 계신가요?"

얼굴을 돌리며 우리를 바라보는 할머니는 뜻밖에 친구 부인이었다. 오십 년 전 친구가 읍내 예식장에서 결혼할 때 축사해 주던 기억이 엊그제 같은데, 그 곱던 신부가 백발이 되다니…. 순간 어안이 벙벙했다.

대청마루가 응접실로 꾸며져 있었다. 반색하는 친구 내외와 옛일을 떠올리자 마을의 역사와 동창들 이야기가 줄기줄기 영상처럼 펼쳐졌다. 안성시에서 인구가 가장 많은 마을인데 윗분들은 다 돌아가시고 친구가 일곱 번째 노인이라고 했다. 외지로 흩어진 마을 사람들의 근황도 필름처럼 돌아갔다.

내친김에 이웃 마을 불당리에 사는 동창도 찾아보기로 했다. 농로를 따라 찾아간 마을은 안성평야가 끝없이 펼쳐진 초원 속에 묻혀 있었다. 노을에 물든 친구 집 마당가 대추나무에 검붉은 왕대추가 가지마다 찢어지게 매달려 있고 텃밭에는 고추가 빨갛게 익어 가고 있었다.

그 옆 노랗게 물들기 시작한 은행나무 그늘에서 검은 얼굴에 깡마른 친구 부부가 정담을 나누고 있었다.

"안녕하세요."

"누구시지요?"

"나 기선이야. 초등학교 동창!"

"그래? 이게 얼마 만인가? 그동안 볼 수 없었는데…."

친구가 반기며 말했다.

"미안해! 정신없이 앞만 보고 달리다 보니…."

백발이 되어서야 찾아온 고향! 고향을 지켜 준 친구들이 있기에 태어나고 자란 마을과 산천을 돌아볼 수 있고 다시 만날 수 있으니 얼마나 고마운 일인가? 친구들이 없다면 고향이라 할 수 있을까?

우리는 잡은 손을 놓을 줄 몰랐다. 옆에서 보고 있는 아내와 친구 부인도 반갑다고 덩달아 추임새를 넣었다.

시간이 달아나는 것도 모르고 지나온 이야기에 취해 있을 때였다. 잠깐 다녀온다고 집 안으로 들어간 친구 내외가 잘 말린 고추를 가득 담은 자루를 들고 나왔다.

"내가 가꾼 고추야."

"아니, 웬일이야! 땀 흘려 가꾼 건데 염치없이 가져갈 수 없지."

친구의 진심을 거절하는 것 같아 어떻게 해야 할지 주춤거렸다. 부인은 참깨 보따리를 또 내놓았다. 몇 차례 사양을 하자 친구 부인이 말했다.

"우리 내외가 드리는 정이니 꼭 받아 주세요."

이를 지켜본 아내가 귀엣말을 했다.

"여보, 당신 곁에 이런 친구들이 있어 참 보기 좋아요."

가슴이 뭉클했다. 망설이다 동문서답을 꺼냈다.

"여보게 친구, 동창들 한번 다 만나볼 수 없을까? 내가 주선하고 싶은데."

"좋은 생각이여. 장담할 수 없지만 약속하지!"

세상을 떠난 동창들을 헤아려 보니 반이 넘는 듯했다. 남아 있는 친구들이라도 만나보고 싶었다. 그 친구들은 지금 어디서 무엇을 하고 있을까.

추석이 지난 며칠 후였다. 역사적인 이산 동창 상봉이 평택역 광장에서 이루어졌다.

졸업 후 각처로 헤어진 지 육십여 년, 머릿속에 그때의 모습만 간직하고 있는데 그 모습은 간데없고 남녀 모두 노인으로 분장한 배우처럼 주름진 세월의 훈장을 달고 나타났다. 먼 길 마다않고 전국 각지에서 달려온 친구들이 더없이 고마웠다.

산업화 바람 따라 농촌을 떠난 사람들이 늘어나고 시대의 물결 따라 어린이도 모교도 흔적 없이 사라졌다. 초등학교 때 소풍 다니던 바다가 끝없이 펼쳐진 서해안 삽교천을 찾아 달려갔다.

처음엔 서먹했던 만남이 서로 이름을 부르다 보니 어느새 동심으로 돌아갔다. 그때 그 시절 가락에 맞추어 노래도 부르고 그 시절의 기억을 서로 맞춰 가며 쌓인 실타래를 풀기 시작했다.

우리 만남은 감격과 기쁨으로 채워진 인생 드라마였다. 아내와 옛날을 더듬어 찾아간 고향. 반세기 넘어 모인 동창회. 그곳에 잃어버린 오십 년을 품어 준 친구가 있고 고향이 있었다.

세 친구

고향에서 초등학교를 함께 다닌 친구 셋이 있다. 오준식, 류해욱, 이은호가 그들이다. 준식이는 4킬로미터가 넘게 떨어진 이웃 마을에서 다녔고, 해욱이와 은호는 나와 같은 마을에서 다녔다.

여름 방학이 되면 웅덩이에 가서 물장구치기, 여치잡기, 매미잡기를 하고 겨울 방학 땐 썰매타기, 딱지치기, 범치기를 했다. 그중에 해욱이는 손 뼘이 커서 범치기는 내가 항상 지곤 했다. 우리는 형제처럼 늘 어울려 놀았다.

그런 친구들이 각각 다른 중학교에 입학하게 되었다. 준식이는 서울에 있는 경동중학교로, 해욱이는 안성에 있는 안법중학교로, 은호는 평택에 있는 평택중학교로, 나는 안성중학교로 뿔뿔이 헤어졌다.

우리가 중학교 2학년 되던 해 봄 방학이었다. 이웃에 사는 해욱이와 병아리를 키워 보기로 하고 논길을 따라가다 강을 건너 삼십 리가 넘는 길을 걸어서 충남 천안시 성환면에 있는 국립중앙종축장을 찾아갔다.

광활한 초원에서 젖소가 풀을 뜯고 있는 광경을 처음 보는 순간, 이야기로만 듣던 동화의 나라에 온 것처럼 꿈을 꾸고 있는 듯했다. 부화장에서는 셀 수 없이 많은 뉴햄프셔와 레그혼 병아리가 부화기에서 쏟아져 나오고 있었다. 뉴햄프셔는 육계용이고 레그혼은 산란용인 걸 그때 처음 알았다.

갓 부화한 병아리는 눈에 넣어도 아프지 않을 만큼 귀여웠다. 우리는 모은 용돈으로 산란용 레그혼을 일곱 마리씩 사서 집으로 가져왔다. 병아리를 키울 꿈에 부풀어서 그랬는지 왕복 칠십 리 길을 힘든 줄 모르고 걸어서 다녀왔다.

모이는 무엇을 어떻게 주어야 잘 자랄 수 있을까? 눈뜨면 서로 정보를 주고받으며 정성을 쏟았다. 새벽 마을 뒷산에 올라가면 개구리가 지천이었다. 병아리는 개구리를 삶아서 주면 잘 먹었다. 하루가 다르게 자란 병아리가 어미 닭이 되자 알을 낳기 시작했다. 하루도 거르지 않고 알을 낳아 보답했다.

달걀을 모아 놓으면 어머니가 시장에 나가 팔아 목돈을 만들어 주셨다. 그 돈으로 돼지 새끼를 사 왔다. 돼지도 개구리를 삶아 주면 잘 먹고 잘 자랐다. 어미 돼지가 되자 팔아서 이번에는 송아지를 사 왔다. 그 송아지가 두 돌이 지나니까 어미 소가 되었다. 소는 우리 집 재산 1호였다. 그야말로 동화 같은 일이 현실로 이루어졌다.

동화 속의 소녀는 달걀 바구니를 들고 가면서 달걀이 닭이 되고 돼지가 되고 소가 되는 상상을 하다가 넘어져 달걀을 깨는 바람에 꿈도 깨졌지만, 우리는 그것을 해냈다. 우리는 취미도 같고 성격이 맞아 자주 만나 많은 대화를 나누며 정겹게 소년 시절을 보냈다.

고등학교를 졸업하고 세 친구는 서울로 올라가 대학을 다니고 나만 시골에 남아 농사꾼이 되었다. 그때 마음이 나락으로 곤두박질쳤지만, 집안 형편을 모른 체할 수 없었다. 아버지가 위장병, 고혈압으로 농사일을 못 하시니 아홉 식구 생계가 내 손에 달려 있어 집을 떠날 수가 없었다.

그러나 마음은 항상 서울에서 대학 다니는 친구들을 생각하며 대학은 못 다니더라도 서울에서 취직하는 것이 소원이었다. 농사철이 지나고 농한기가 오면 서울로 올라가곤 했다. 그럴 때면 친구들 하숙방에서 돌아가며 신세를 졌다. 하룻밤 신세 지고 나올 때면 뒤통수가 부끄러워 오금이 저리곤 했다.

준식이가 시집간 누나네 집에서 하숙하고 있을 때였다. 찾아가 하룻밤 자고 나자 헤어지기가 섭섭했다. 준식이 다니는 성균관대학에 따라갔다. 전공과목이 경제학이었는데 새치기로 도둑 강의를 들었다. 불안하고 초조했다. 그때 온갖 상념이 가슴을 후볐다.

다음 날은 은호를 따라 효자동에 있는 국민대 개교기념 축제에 갔다. 대강당은 열기로 가득 넘쳤다. 갖가지 행사가 내 마음과는 먼 거리에서 출렁거렸다. 그중 총학생회장의 태권도 시범이 가장 인상적이었다. 마치 젊음을 발산하는 함성이 내 잠을 깨우는 북소리로 들렸다. 친구들의 대학 생활이 그지없이 부러웠다.

그 후 친구들은 학도병 또는 일반병으로 군에 입대하고 농사일 하는 나만 보충역으로 밀려났다. 그때 열흘이 멀다

하고 오가는 친구들 편지로 외로움을 달래며 세월을 낚아야 했다. 친구들과 주고받는 편지가 그 시절 유일한 위안이었다. 몸은 농사일을 하고 있었지만, 마음은 늘 친구들을 생각하며 유랑하고 있었다.

우리는 취업 전 직업이 없는 상태에서도 자주 어울리고 서로 이름을 부르는 대신 꿈꾸는 미래의 호칭으로 불렀다. 류해욱은 류 선생, 이은호는 이 장군, 오준식은 오 면장, 나는 김 사장이라고 불렀다.

그 후 사회에 진출하면서 우연의 일치인지 호칭대로 자기 직업을 갖게 되었다. 류 선생이라 불리던 해욱이는 사범대학을 나와 선생님으로 정년까지 근무했다. 아버지가 평택 부읍장이어서 오 면장으로 불리던 준식이는 서울시 공무원이 되어 정년을 송파구 마천동 동장으로 마감했다. 나도 회사를 경영하는 사장이 되었다.

다만 은호만 달랐다. 건설현장에서 노동으로 사십여 년을 보내다 지병으로 세상을 떠났다. 운동으로 단련된 건장한 호남형 은호가 장군이 되었으면 하는 안타까움을 지워버릴 수 없다. 우리는 각자 직업이 다르고 환경이 다른 길로 헤어졌지만, 마음은 항상 하나로 그 자리에 함께했다.

신기한 일은 그뿐이 아니었다. 오 년 후 내가 화장품 사업에 관계하면서 태권도 시범을 보인 국민대 총학생회장이었던 이채행 씨를 태평양화학에서 만나 인사를 나누게 되었다. 그는 회사 영업책을 맡아 일하고 있었다.

준식이를 따라가 도둑 강의를 듣고 그토록 가고 싶어 했던 성균관대학에서는 만학할 기회를 갖게 되었다. 오랜 꿈이 현실로 다가온 것이다.

청소년 시절 궁지에서 헤맬 때, 따듯하게 손을 잡아 주고 울타리가 되어 준 친구들이 있기에 좌절하지 않고 오늘을 지킬 수 있었다. 나는 그 친구들을 사랑한다.

지옥과 천당 사이

삼십 리를 걸어서 중학교에 다닐 때였다. 조회 시간에 닿으려면 새벽 여섯 시 전에 집을 나서야 했다.

산 넘고 하천을 건너 끝없이 이어지는 들판 길을 걸어야 읍내가 보이고 초입에 학교가 있었다. 새벽길은 풀숲이 소낙비 맞은 듯 이슬에 젖어 있었다. 젖은 운동화 속에서 발이 퉁퉁 불어도 그냥 걸을 수밖에 없었다.

작은 키, 큰 책가방에 도시락까지 넣고 걸어가는 등굣길. 가끔 현기증이 났다. 지친 몸으로 겨우 교문에 도착했을 때였다. 규율부 선배가 기다렸다는 듯이 지각을 이유로 팔굽혀펴기 백 번 체벌을 주었다. 그래도 친구들과 어울려 다니는 재미에 힘겨운 줄 몰랐다.

첫 수업은 담임 선생님의 국어 시간이었다.

"숙제 안 해 온 사람 손들어 봐."

사방을 돌아보아도 손을 든 사람은 함께 걸어 다니는 친구 둘과 나뿐이었다. 손바닥에 회초리 다섯 대 선물을 받고 바보처럼 웃었다.

오전 수업이 끝나지도 않았는데 뱃속에서 신호를 보냈다. 도시락은 꽁보리밥에 고추장 무장아찌가 유일한 반찬이지만 게 눈 감추듯 뚝딱 해치웠다. 밥을 먹고 나면 졸음이 쏟아져 공부는 뒷전이었다.

종례를 마치고 집으로 걸어와야 하는데 엄두가 나지 않았다. 친구들과 시내로 갔다. 후생 사업하는 군인 트럭을 공짜로 얻어 타려는 속셈에서였다.

어쩌다 마음씨 좋은 운전병을 만나면 땡잡은 날이고, 인정 없는 운전병을 만나면 덜커덩대는 트럭 뒤에 매달려 겨우 올라타기도 하고 떨어져 타박상을 입는 것이 예사였다. 그날따라 트럭이 있을 만한 곳을 눈 씻고 찾아보아도 보이지 않아 맥이 빠졌다.

아침부터 침울했던 기분 전환도 할 겸 친구가 안내하는 문방구와 잡화가 있는 길흥당으로 들어갔다.

백열등 불빛 아래 학용품과 잡화가 화려하게 진열되어 있어 호기심을 자극했다. 친구는 갖고 싶은 물건이 있으면 슬쩍하는 손재주가 있었다. 기술과 담력은 오직 그 친구만이 할 수 있는 특기였다. 귀공자 같은 용모에 차분한 성격인데 어디에 그런 배짱이 숨어 있는지 놀랄 일이었다.

어쩌다 수확이 좋은 날이면 들러리를 서 준 답례로 지갑이나 만년필을 얻기도 했다. 그런 날 친구는 영웅이라도 된 듯 우쭐댔다.

가게에 들어서자 친구의 눈에서 광채가 났다. 그는 애써 태연한 척, 이것저것 가격을 물어보았다. 우리는 숨을 죽이며 곁눈으로 힐끔힐끔 주시하고 있었다.

그때였다. 뚱뚱한 주인아주머니가 다른 손님과 대화하는 사이 파카 만년필이 책가방 속으로 흘러 들어갔다. 눈 깜짝할 사이였다.

순간 고함치는 소리가 났다. 주인아저씨였다. 그는 솥뚜껑 같은 손으로 친구의 멱살을 잡았다.

“도둑놈이 바로 너였구나. 이놈 콩밥 좀 먹어 봐라.”

범인을 잡은 주인은 얼굴이 붉으락푸르락했다.

우리는 잡힐세라 줄행랑을 쳤다. 엉겁결에 친구만 두고

뺑소니를 치긴 했지만 그냥 두고 떠날 수도 없었다. 그렇다고 찾아가서 용서를 빌자니 공범으로 잡힐 것이 분명했다. 사방이 절벽이었다. 묘안이 없었다. 우리가 함께 불구덩이로 들어가서 친구를 구출해 낼 수밖에 없었다. 얼굴에 철판을 깔고 떨리는 손으로 문방구 문을 밀고 들어섰다.

친구는 사색이 되어 책가방과 훔친 만년필을 들고 벌을 받고 있었다. 우리가 들어가자 모깃소리로 애원했다.

"나 좀 구해 주…어."

그때 주인아저씨가 기다렸다는 듯이 나타났다.

"너희도 한패지?"

아저씨는 성난 사자 같았다.

"아저씨, 저희가 자… 잘못했습니다. 친구를 용서해 주시면 다… 다시는 도둑질 못하게 하겠습니다."

"그 말을 믿으라고? 어림도 없지!"

우리는 약속이라도 한 듯 아저씨 앞에 무릎을 꿇고 손이 발이 되도록 빌었다. 두 시간이 지나고 소변이 마려워 못 참을 지경이 되었지만 주위는 침묵만 흘렀다. 게다가 수갑 차고 경찰서에 끌려가는 것은 아닌지 겁이 덜컥 났다.

얼마나 시간이 지났을까.

"너희 또다시 도둑질 하면 학교에 통보해서 퇴학시킨다. 알았지!"

"네, 알겠습니다."

사자 같던 아저씨 얼굴이 양처럼 순한 눈빛으로 변해 있었다. 사건은 연명으로 각서를 쓰고 함정에 빠진 친구를 구출하는 데 성공할 수 있었다.

지옥과 천당 사이를 오고간 숨막히는 시간이었다.

지금도 여름이 오면 그날이 생각날 때가 있다. 그때 그 시절 넓은 아량으로 품어 주신 길흥당 아저씨와 친구들이 그립다.

하필이면 그날

초등학교 졸업한 지 육십여 년이 지난 어느 여름날 모교를 찾아갔다. 어떻게 변해 있을까 궁금했는데 교실은 오간 데 없고 그 자리에 허름한 창고가 두 채 있었다. 뛰놀던 운동장에는 망초, 쑥대, 칡넝쿨 같은 것들만 우거져 새의 천국으로 변해 있었다.

담당 교육청에 전화했다. 농촌 사람들이 도회지로 떠나면서 학생 수가 모자라 폐교하게 되었고, 학적부는 면 소재지에 있는 초등학교로 이전했다고 알려 주었다.

꿈을 키워 준 둥지가 사라졌다. 모교가 증발했다는 공허함이 찾아갔을 때의 기대감보다 더 커서 쉽게 발길을 돌리지 못했다. 교실이 있던 자리, 친구들과 왁자지껄 뛰어

다니던 운동장을 한동안 더듬고 서 있었다.

5회 졸업생으로 내가 졸업하던 날이었다. 교육청에서 장학사가 오고 면장과 학부모들도 오셨다. 재학생과 졸업생이 교실에 모여 졸업식을 시작했다. 교장 선생님의 훈화가 있었고 교육장의 격려사는 장학사가 대신하고 내빈으로는 면장이 축사를 했다. 풍금 반주에 맞춰 졸업식 노래가 울려 퍼지기 시작했다.

나는 바라만 보아도 좋았던 순이와 함께 손을 잡고 나란히 앞으로 나갔다. 나는 우리가 공부하던 책을 후배에게 물려주고 순이는 꽃다발을 한아름 받았다.

"빛나는 졸업장을 받은 언니께 꽃다발을 한아름 선사합니다. 물려받은 책으로 공부하며…."

누군가 훌쩍훌쩍 울기 시작하더니 교실은 삽시간에 울음바다로 변했다. 졸업생도 울고 후배들도 울었다. 나는 졸업하면 순이를 못 만나게 되는 것이 슬퍼서 울었다. 순이는 예쁜 얼굴에 키도 크고 성격도 활달해서 모든 남학생이 좋아했었다.

그 후 순이는 서울에 있는 P여중으로, 나는 안성에 있는 A중학교로 가면서 아쉬움을 안고 헤어졌다.

칠 년이 지났다. 서울에서 대학 다니는 친구들이 여름방학 때 내려와 나를 찾아왔다. 초등학교 동창회를 하자고 했다. 나는 농사일을 하는 터라 부끄럽기도 하고 한편 자존심이 허락지 않아 망설였다.

그러나 순이를 만날 수 있는 기회를 놓칠 수 없었다. 못 이기는 척 동참했다. 나를 포함한 몇 명이 발기인을 구성했다. 동창회 사회는 K가 보기로 하고 발기인 대표 인사는 내가 하는 것으로 식순을 만들었다.

졸업 후 첫 만남, 발기인 대표 인사말이 동창회 분위기를 좌우할 것 같았다. 그러나 무슨 말을 어떻게 해야 할지 가닥이 잡히지 않았다.

서점에 가면 참고 자료가 있을 것 같았다. 서점에 연설이나 웅변에 관한 책이 있어 구세주를 만난 기분이었다. 원고를 쓰기 시작했다. 쓰고 고치고 쓰고…. 수없이 퇴고한 원고를 가지고 동창회에 나갔다.

날씨까지 화창해서 날아갈 것 같았다. 시간이 임박해 오자 친구들이 한껏 멋을 부리고 나타났다. 남자들은 건장한 청년으로, 여자들은 누구누구 할 것 없이 아름다운 숙녀로 변해 있었다.

사회자의 안내에 따라 먼저 발기인 대표 인사말이 있었다. 인사말을 하면서도 순이가 눈에 띄지 않아 초조했다. 그녀는 끝내 오지 않았다. 무슨 사연이 있는지 아는 사람은 아무도 없었다. 맥이 빠지고 허탈했다.

소식을 모른 채 몇 년이 지난 삼월이었다. 봄이 되어 겨우내 뒷간에 받아 놓은 인분을 보리밭에 거름으로 주는 날이었다. 인분통을 지게에 지고 넘칠까 조심하며 밭으로 가는데 낯선 검은 승용차가 마을로 들어오는 게 보였다.

인분을 보리밭에 뿌리고 집으로 돌아와 보니 뜻밖에 그 승용차가 우리 집 마당에 서 있었다. 우리 집에 자가용을 타고 올 사람이 없는데 누굴까 궁금했다.

그때 승용차 문이 열리고 내린 사람은 훤칠한 키에 색안경을 쓴 멋쟁이 숙녀였다.

"어디서 오셨지요?"

그녀는 함박웃음을 지으며 나에게 다가왔다.

"나 몰라? 순이야."

이럴 수가! 하필이면 이럴 때…. 그녀가 손을 내밀었다. 씻을 틈도 없어서 내 손에는 인분 냄새가 진동하고 있었다. 손을 잡을 수 없어 손사래를 쳤다. 옆에 서 있기도 민망한데 그녀는 내 손을 덥석 잡고 놓지 않았다. 나는 기절할 것 같았다.

"우리가 초등학교 졸업식 때 잡아본 손인데 그냥 갈 수 없지."

순이는 안절부절못하는 나를 짓궂은 익살로 감싸 주었다. 동창회 날 내가 한 인사말이 동창들을 통해서 서울까지 전해졌다며 치켜세웠다.

그녀는 대학 다닐 때 사귀던 대학 선배와 졸업하자마자 결혼했다고 한다. 남편은 용인 남사면 사람으로 이번 국회의원 선거에 여당 공천을 신청했다면서 친구의 도움을 받으러 왔다고 너스레를 떨었다.

당시는 대선거구제로 용인, 안성, 평택이 같은 선거구였다. 공천이 확정되면 친구의 도움이 필요하다며 신신당부를 했다.

"미리 연락도 없이 이런 일로 찾아와 미안하고 쑥스러워. 오랜만에 친구의 모습을 보니 반갑기도 하고 마음이 무겁네."

나는 내내 할 말을 잊고 눈길을 피하고 있었다.

"그렇지만 친구는 무엇이든 할 수 있을 거야."

그녀는 애써 눈을 돌렸다.

그녀의 승용차가 떠난 후에도 한참 동안 붙박이가 되어 서 있기만 했다. 하필이면 오늘 같은 날….

십여 년을 보고 싶어 했던 순이를 만났으면서도 눈 한 번 마주치지 못하고 보내다니. 차라리 내가 집에 없는 날 왔었더라면….

나는 육십여 년이 지난 모교에 와서 그날의 순이를 떠올리고 있었다.

형님과 쌀 두멍

1950년대 우리는 모두 가난했다. 특히 농촌은 더욱 심했다. 봄이 와도 희망을 노래할 수 없는 춘궁기가 연례행사처럼 따라다녔다. 가족의 허기진 배를 채우기 위해 가장은 공사판을 찾아 헤매야 했고, 풀뿌리나 나무껍질로 연명하는 사람들도 있었다. 땔감을 구하려 해도 가까운 산은 민둥산이 되어 버려 어른들은 이삼십 리 떨어진 높은 산을 찾아가 나무를 해서 지게에 지고 오기도 했다.

이른 봄이면 여자아이들은 나물바구니를 들고 들로 나가고, 사내아이들은 삭정이라도 구하려고 지게를 지고 집을 나섰다. 국민소득 육칠십 불 시대, 세계 최하위 빈곤한 나라였던 그때를 잊을 수 없다.

우리 집에는 두멍 형제들이 버티고 있었다. 두멍은 질그릇 항아리 중에 큰 독에 붙여진 이름이다. 부엌의 노른자위 자리에는 물 두멍이 차지하고, 그 옆 광에는 쌀 두멍 두 놈이 서로 기싸움을 하면서 힘겨루기를 하고, 뒤란 장독대에는 간장 두멍이 버티고 있었다. 어머니는 그들을 지휘하는 총사령관이었다.

부엌 지킴이 물 두멍에 물을 채워 놓지 않으면 어머니는 안절부절못하셨다. 물이 떨어지면 식량이 떨어진 것 같다시며, 집에서 멀리 떨어진 동네 공동우물에 가서 물을 길어 오셨다. 머리 위에 똬리를 얹고, 그 위에 물을 가득 채운 물동이를 이고 걸어오실 때면 동이의 물이 춤을 추었다. 어머니는 춤추는 물을 발걸음으로 조정하는 곡예사였다. 물동이와 힘겹게 씨름을 하며 두멍을 채웠다.

그 물로 밥을 짓고, 장을 담그며, 세숫물과 목욕물, 빨랫물 같은 생활용수로 썼다. 아홉 식구가 사용하는 물을 채우기가 남자도 힘겨운 일이었는데 어머니는 쉬지 않고 그 일을 해내셨다.

광에 있는 쌀 두멍과 항아리는 가족의 식량과 김장을 담당했다. 보리, 콩, 팥, 수수, 조, 녹두, 동부 등은 역할에 따라 크고 작은 순서대로 담아 조연을 맡았다. 김장김치, 동치미, 총각김치는 항아리 크기에 따라 배치했다. 어머니의 손맛은 삼십여 년이 지난 지금도 잊을 수 없다. 돈이나 귀중품도 곡식 항아리 속에 묻어 두고 비밀번호를 맞추는 은행처럼 이용하시곤 했다. 그곳은 가족 누구도 접근할 수 없는 어머니의 통치 영역이었다.

장독대에는 제일 큰 두멍에 간장을 담고 그다음 크기에 따라 고추장, 된장, 장아찌를 담았다. 장독대는 가족의 반찬을 담당하는 중심 본부였다. 그때는 반찬을 시장에서 사서 먹는다는 일은 상상조차 할 수 없는 시대였다. 장독대 상석에는 터줏자리터주를 모시는 신단神壇을 이르는 말가 잡고 있었다. 그곳은 어머니가 가족을 위해 소원을 비는 별당이었다.

어느 해 눈보라가 휘몰아치는 겨울밤이었다. 그때 나는 스물하나, 형은 두 살 위였다.

저녁을 먹고 밖에 나가 새벽 한 시가 넘어도 돌아오지 않는 형을 기다리며 《젊은 베르테르의 슬픔》을 읽고 있었다.

그때 담장 사이에 작은 문이 열리는 것 같은 예감이 들었다. 십 분이 지나고 이십 분이 지나도 인기척이 없었다.

느낌이 이상했다. 도둑이 들어온 것 같았다. 칠흑같은 어둠 속에 한 손에 몽둥이를 들고 한 손에 전등불을 비추며 집 안을 이리저리 살폈다. 숨막히는 긴장감에 머리카락이 쭈뼛 서는 것 같았다.

불현듯 광에 있는 쌀 두멍이 생각났다. 닫혀 있는 광문을 살며시 열었다. 도둑은 보이지 않고 다녀간 흔적이 남아 있었다. 쌀 두멍 뚜껑이 열려 있고 바닥에 쌀이 흩어져 있었다.

집 안에 도둑이 있는 것이 확실했다. 다시 나락을 두는 곳간으로 갔다. 문을 살며시 열며 전등불을 비추었다. 도둑의 발이 시야에 들어왔다. 가슴이 쿵쾅거렸다. 몽둥이로 내리치려는 순간, 형의 모습이 나타났다. 쌀자루를 앞에 놓고 형이 고개를 숙인 채 떨고 있었다. 황당했다.

"형, 왜 그랬어? 무슨 이유야?"

다그쳤다.

"미안해. 꼭 써야 할 돈이 필요한데 아버지 어머니가 허락하실 것 같지 않아 그랬어."

형은 고개를 들지 못했다. 나는 더 묻지 않았다.

"형, 괜찮아. 우리 둘만의 비밀이야. 밖에 나가 있어.

넘겨줄게."

형의 눈가에 이슬이 맺혀 있었다. 그 일은 형제의 정이 깊어지는 계기가 되었지만, 당시에는 용돈은 생각도 못할 때라서 어려운 상황이 생기면 난처한 때도 있었다. 지금은 고인이 되었지만, 어머니가 애지중지하시는 쌀 두멍을 생각하면 내 앞에서 쩔쩔매던 형이 떠오른다.

6 · 25전쟁이 나고 다음 해 1 · 4후퇴 때 밤중에 집 안마당을 깊이 파고 쌀 두멍 두 개에 쌀과 곡식을 가득 넣어 묻어 두고 혹한에 험난한 천 리 길을 걸어서 피란을 갔다. 무작정 간 곳은 경북 선산군 무을면 오가리라는 마을이었다. 전쟁은 계속되었고 국군이 서울을 다시 탈환하고 삼 개월 만에 고향에 돌아왔다.

마을은 전쟁이 훑고 간 흔적으로 살벌했다. 쓰레기 더미가 산처럼 쌓여 있었고, 집집이 전쟁 후유증으로 고통을 겪어야 했다. 콜레라, 장티푸스, 천연두 같은 전염병이 돌아 어린아이들을 사정없이 천국으로 데려갔다. 집집마다 환자의 신음 소리가 마을을 뒤덮었다.

안마당 쌀독에 묻어 두었던 곡식은 피란민들이 다 퍼가고 빈 두멍만 주인을 기다리고 있었다. 어머니는 실망한

기색을 감추며 말씀하셨다.

"피란민의 식량이 되었을 테니 다행이구나."

두멍은 어머니의 삶이고 신앙이었다.

어머니의 깊은 뜻을 헤아리지 못하고 살아온 내 삶의 눈을 뜨고 싶어 여행을 떠나고 싶다. 가르침을 받들기 위해, 돌아갈 수 없는 어머니 품으로 달려가는 추억 열차에 몸을 싣는다.

아물지 않는 상처

1950년 6 · 25사변이 일어난 지 서너 달이 지난 어느 날이었다. 면사무소에 가는 길목에 우리 논이 있었고 조생종 이른 벼가 누렇게 익어 가고 있었다. 아버지가 수염 달린 허수아비를 여기저기 세워 놓고 줄을 이어 깡통도 달아 놓았다. 형과 나는 새를 쫓고 있었다.

그때 완장을 두르고 빨간 줄과 별이 있는 모자를 쓴 인민군 두 명이 어깨에는 따발총을 메고 허리에는 권총을 찬 채 자전거를 타고 가다 우리에게 말을 걸었다.

"꼬마 동무들, 저기 보이는 마을이 곰다리 맞나?"

"예, 그런데요."

"저 마을에 빨간 함석집이 있나?"

그들은 우리 집을 찾고 있었다. 불길한 예감이 스쳐 갔다. 새 쫓는 일을 팽개치고 우리 형제는 멀찍이서 그들 뒤를 따라 집으로 달려갔다. 예상했던 대로 그들이 우리 집 대문을 박차고 들어가고 있었다. 우리 개 도크가 사납게 짖어대기 시작했다. 그들은 서슴없이 개를 향해 꽝, 꽝, 권총 두 발을 쏘았다. 아무것도 모르고 집 안에 계시던 아버지와 동생들이 총소리에 놀라 뛰쳐나왔다.

조용하던 마을이 삽시간에 발칵 뒤집혔다. 겁에 질린 아버지에게 인민군이 성난 얼굴로 말했다.

"동무가 이 집 주인이오?"

"당신 처남 잡으러 용인 내무서에서 왔소. 당장 내놓으시오."

그들은 눈을 부라리며 협박했다. 아버지는 처남이 오지 않았다고 했다.

"동무 부인이 용인 내무서 와서 여기 있다고 알려 줘서 왔소. 잔말 말고 어서 내놓으시오."

그들은 따발총을 휘두르며 군화를 신은 채 집 안팎을 뒤지기 시작했다. 며칠 전 어머니가 꿈에 친정 식구들이 자꾸 보여 불길한 생각이 든다며 친정에 가신 일이 화근이었다. 외가는 육십 리가 넘는 용인군에 있었다.

외삼촌은 면서기였고 어머니 고모부는 면장이었다. 그 때 외삼촌이 우리 집에 와 있었더라면 꼼짝없이 잡혀 갈 수밖에 없었다. 며칠이 지나자 어머니가 오셨다. 어머니 고모부는 마을 뒷산에 숨어 있다 인민군에게 끌려갔고, 외삼촌은 어디로 피신했는지 행방을 몰라 만나보지도 못하고 돌아오셨다.

마을 사람들은 공포 속에서 나날을 보냈다. 남자 무당 창식이와 소외당했던 사람들이 공산당 앞잡이가 되어 선동하고 날뛰었다. 신분 고하를 막론하고 인민군 강제노동에 참여하지 않으면 인민재판에 부쳐 극형에 처하곤 했다.

인민위원회, 여성동맹위원회와 공산당 조직을 만들어 서로 감시하게 하고 밤낮없이 김일성 찬양 노래로 세뇌를 시켰다. 남녀노소가 '동무'라는 호칭으로 동격시 되고 오로지 김일성을 숭배하는 사상을 주입하기에 혈안이 되어 있었다.

아버지는 마을 구장을 보고 있었던 터라 징집은 면했지만 언제 화가 돌아올지 몰라 마을 앞 넓은 들 콩밭에 숨어서 여름을 보냈다. 자정이 되면 어머니는 광주리에 밥을 이고 나를 앞세우고 숨소리조차 죽여 가며 아버지를 찾아 갔다.

낮이면 삼복더위로 푹푹 찌는 밭고랑에서 사람을 피해 이리저리 피신하고 장맛비와 모기, 풀벌레와 씨름하며 한 달을 콩밭에서 지내셨다.

전쟁은 한국군의 열세로 대구, 부산, 경상도 일부를 제외한 남한 전역을 북한군이 점령했다. 불행 중 다행으로 그 해 9월 28일 유엔군이 인천에 상륙하면서 아버지는 콩밭 피신처에서 무사히 집으로 돌아올 수 있었다.

외삼촌도 숨어 지내다 집으로 가셨다. 하지만 북진을 계속하던 유엔군은 중공군의 개입으로 전세가 역전되어 1951년 1월 4일부터 후퇴하기 시작하면서 북한군이 다시 서울을 점령하고 남하했다.

6 · 25 때 놀란 아버지는 피란 가지 않으면 죽는다는 생각으로 외삼촌과 외할아버지, 사촌 누이들까지 열한 식구를 데리고 피란길을 떠났다. 기르던 소 세 마리에 짐을 싣고 영하 15도를 오르내리는 추위를 견디며 걸어갔다. 때로는 깊은 산길로 가기도 하고 때로는 철길을 따라 걷기도 했다. 조치원을 거쳐 철길 따라 대전 방향으로 걸어갈

때였다. 객차와 화물차 지붕 위까지 피란민들이 빽빽히 타고 가다 철로변에 떨어져 죽은 사람들이 즐비했다.

금강을 건널 때였다. 강을 건너려면 나룻배를 타고 건너는 방법밖에 없었다. 소는 어떻게 건너가야 할까 걱정하고 있는데 뱃사공이 말했다.

"염려하지 말고 소 세 마리를 한꺼번에 나룻배에 태워 보시오."

겁에 질려 따라오지 않는 소를 앞에서 코뚜레를 잡아끌고 뒤에서는 궁둥이를 밀어 세 마리를 태웠다. 소가 움직이면 우리 가족은 강물에 빠져 죽을 판이었다. 모두 숨을 죽이고 있는데 다행히 움직이지 않아 무사히 건널 수 있었다. 가다 해가 기울면 사람 자는 숙소와 소 외양간 구하는 일이 큰일이었다. 그럴 때면 산골 마을 구장을 찾아가 사정하면 잠자리와 외양간을 마련해 주었다.

남자는 십팔 세부터 이십 대가 되면 영장이 나와 논산훈련소를 거쳐 전방으로 배치되었다. 삼십 대는 제2국민병으로 징집되었다. 전투 중에 사상자가 발생하면 현역병으로 보충되기도 하고 전쟁 보조병으로 활동했다. 길 따라 끝없이 이어지는 피란민 행렬은 남쪽으로 밀려가고 제2

국민병 행렬은 전선을 향해 걸어가고 있었다.

그들은 굶주림과 추위에 떨며 초췌한 모습으로 죽음과 삶의 문턱을 넘나들었다. 거리에는 가족의 생존을 이어가려는 아낙들이 떡과 엿을 팔기 위해 장사진을 치고 있었다. 지친 피란민 생활은 왜 그렇게 배가 고픈지, 음식을 보면 미치도록 식욕이 솟구쳐도 군침만 삼키며 눈요기로 때워야 했다.

보름을 걸어서 목적지인 경상북도 선산군에 도착했다. 다행히 빈집이 있어 숙식을 할 수 있었지만, 경상도 사투리를 알아듣지 못해 곤욕을 치렀다. 피란 생활 두 달이 지났을 무렵 전쟁은 소강상태로 삼팔선에서 밀고 당기는 교전이 계속되고 있었다.

우리 가족도 지친 피란살이를 정리하고 걸어서 고향으로 돌아왔다. 집에 돌아오니 식량으로 묻어 둔 곡식은 피란민 양식이 되었고, 그들이 살다 간 삭막한 흔적만이 우리를 맞이했다.

마을에는 하루가 멀다하고 전사자 통보가 날아오고 상이군인이 되어 국군통합병원으로 이송되었다는 소식이 연달았다. 그리고 마을에 각종 전염병이 돌아 죽어 나가는 환자가 줄을 이었다. 마을은 통곡과 한숨 소리가 그칠 날이 없었다.

열한 살부터 열네 살까지 어린 시절 체험한 전쟁이지만, 그 참상을 지금도 잊지 못한다. 꿈에서도 전쟁이 계속 될 때가 있다. 생사의 갈림길에서 깨어나 현실이 아닌 꿈이라는 사실을 확인할 때, 그때의 안도감이란….

그때마다 가족이 함께 살면서 이름을 부를 수 있다는 사실이 얼마나 큰 행복인가 깨닫곤 한다.

멍석말이

육십 년 전 내가 초등학교 오학년 때 일이다. 6 · 25전쟁과 1 · 4후퇴를 겪고 난 휴전 상태여서인지 후유증으로 시국이 어수선했다.

아버지는 시골 마을 구장 일을 보고 있었다. 우리 마을은 이백여 호가 사는 안성시에서 가장 큰 마을이었다. 행정구역도 동리와 서리로 구분되어 구장도 두 명이었는데, 아버지는 서리 구장이었다. 어느 날부터 마을에 뜬금없는 소문이 돌기 시작했다. 동리에서 일어난 소문이 꼬리를 물고 서리까지 들려왔다.

사십 대 부부가 노모를 학대한다는 소문이었다. 그는 아들 셋에 딸 하나를 둔 가장이었다. 노망이 난 자기 어머니를 골방에 가두어 놓고 하루 밥 한 끼로 연명하게 한다는 것이었다. 그것도 가족이 먹고 남은 찌꺼기를 개밥 주듯 준다고 했다.

소문은 효를 중시하는 마을에 큰 충격을 주었다. 처음에는 믿지 않는 사람이 많았다. 그러나 소문은 끊이지 않고 온 마을에 퍼져 나갔다.

어느 날 아버지와 동리 구장이 우리 집에서 만나 심각하게 대책을 의논했다. 아버지께서 말씀하셨다.

"근거 없는 소문만 듣고 섣불리 벌을 줄 수 없는데 어떻게 하지요?"

동리 구장이 대답했다.

"우선 반장 몇 명 뽑아 현장을 확인하고 오게 하는 것이 어떨까요?"

다음 날 반장 대여섯 명이 그 집을 찾아갔다. 나도 호기심이 일어나 따라갔다. 소문대로 노모가 있는 곳은 골방으로 밖에 자물쇠가 잠겨 있었다. 사람들이 온 것을 알아차린 노인은 살려 달라고 애원했다. 문틈으로 확인해 본 결과 노인의 몰골은 참담했다. 소문이 현실로 드러나면서 마을은 들끓기 시작했다.

동리, 서리 어른들과 반장들까지 모여 긴급회의를 했다. 마을에 이런 흉측한 일은 처음이라고 했다. 그대로 내버려두면 젊은 사람들과 어린이들에게 본이 되지 않는 일이라며 일벌백계一罰百戒로 다스리기로 했다.

마을에 경종을 울리기 위해 마을 사람들이 모두 모인 자리에서 볼기를 치기로 하고, 다음 날 서리 구장 집 마당에서 오전 열한 시에 하기로 했다. 그날이 되자 마을에서 심부름하는 아저씨가 높은 언덕에 올라가 큰 소리로 외쳤다.

"마을 사람들은 서리 구장네 마당으로 열 시까지 다 모이시오."

조용한 새벽 공기를 타고 온 마을에 메아리쳤다. 사람들이 깰 때까지 수차례 외쳤다. 마을에 회의가 있거나 공지사항이 있을 때 알리는 유일한 방법이었다.

시간이 임박하자 사람들이 몰려오고 웅성대기 시작했다.

"그대로 두어서는 안 됩니다. 이번 기회에 버릇을 고쳐놓아야 합니다."

질타하는 소리가 사방에서 화살처럼 날아왔다. 반장 몇 명이 죄인 내외를 밧줄에 묶어 데리고 왔다.

마당에 멍석을 깔고 그 가운데 죄인들을 무릎 꿇게 했다.

죄인들을 둘러싸고 어른부터 어린이들까지 순서대로 좌석을 배치했다.

잠시 후 마을 대표 어른이 가운데 의자에 앉자 큰 소리로 지시했다.

"죄인 내외를 멍석으로 둘둘 말아 한가운데 뉘어 놓으시오."

시끄럽던 장내가 찬물을 끼얹은 듯 조용해졌다. 정적을 깨고 어른의 추상같은 불호령이 떨어졌다.

"네 이놈 들어라. 네 어머니가 일찍 남편과 사별하고 너를 금지옥엽으로 키운 사실을 알고 있느냐? 효도는 못할망정 사람의 탈을 쓰고 네 어머니를 골방에 감금하고 인간 이하의 학대를 하다니, 사람이 할 짓이냐. 네 죄를 네가 알렷다."

"어르신, 할 말이 없습니다. 죽을죄를 지었습니다."

"이 짐승만도 못한 연놈에게 곤장을 치시오."

말이 떨어지자 돌아가며 곤장을 치기 시작했다.

"죽을죄를 지었습니다. 다시 불효하지 않겠습니다. 용서해 주세요."

그들은 숨넘어가는 소리로 살려 달라고 애원했다. 삼십

분 정도 죽지 않을 만큼 곤장을 쳤다.

"죄인 내외에게 마을을 돌면서 큰 소리로 잘못을 고하게 하시오."

줄에 묶여 다리를 절름거리며 남편은 앞에 부인은 뒤를 따라갔다. 고개를 들지 못한 채 울부짖는 소리로 말했다.

"죽을죄를 지었습니다. 다시는 불효하지 않겠습니다."

같은 말을 계속 복창하게 했다. 우리는 그 모습이 재미있기도 하고 신기해서 졸졸 따라다녔다.

죄인 아들 중에 초등학교 일 년 선배가 있었다. 사건 이후 학교에 나오지 않았고 졸업도 못했다. 어쩌다 길에서 만나면 외면하게 되고 친구들이 놀아주지 않아 항상 외톨이였다. 부모의 잘못으로 길을 잃고 방황하는 그를 볼 때마다 측은한 생각을 지울 수가 없었다.

집 농사일도 가족끼리 홀앗이로 하고 마을 사람들과 어울려 품앗이도 못했다. 그들 내외는 겉은 멀쩡해 보이지만 불효자의 낙인은 영원히 지울 수가 없었다. 그 사건은 반세기가 지나간 지금도 잊히지 않는다.

이 시대 아이들이 이런 이야기를 들으면 어떤 반응을 보일까. 텔레비전 사극의 한 장면인 줄 알지 않을까. 관아의 동헌에서 죄인을 벌주던 옛날이야기를 연상하겠지만, 불과 육십여 년 전 일이다. 어떤 사람들은 엄연히 법이 있는데 마을 사람들이 징벌한 것을 이해하지 못할지도 모른다.

그러나 주민에게는 경각심을 심어 주고 질서를 바로잡아 준 지혜로운 어른들이 계셨던 시절이었다. 그때의 정서가 가끔 떠오르곤 한다.

현실은 윤리와 질서가 실종되어 가면서 인간이 설 자리를 잃어가고 있다. 극심한 이기주의로 인한 인간 존엄성의 파괴는 무엇으로 치유해야 하는지 해결해야 할 과제다.

배꽃으로 품다

따뜻한 봄날이었다. 어머니 모습을 뵐 수는 없지만 흔적이라도 찾고 싶어 무작정 고향으로 갔다. 내가 서 있어야 할 곳, 내가 해야 할 일을 어머니께 여쭈어 보고 싶어 그곳에 갔다. 고향의 흙내는 향수를 자극했고, 산과 들은 연초록 옷을 입고 반겨주었다. 민들레, 철쭉, 복숭아, 배꽃이 함께 어우러져 나를 환영했다.

떠나온 지 오십 년 된 고향은 상상 속에 그리던 곳이 아니었다. 비가 오면 마누라 없이는 살아도 장화 없이는 못 산다는 곰다리. 구불구불한 진흙길은 간데없고 곧게 다듬어 놓은 포장도로가 나를 맞이했다. 마을로 가는 길목을 지키고 있던 우리 논과 밭은 택지와 과수원으로 변하여 옛 모습을 찾을 수 없었다.

동네 초입에 들어서는데 허리 굽은 백발 할머니가 지팡이에 의지하며 거북이걸음으로 앞을 막았다. 차를 세우고 물었다.

"할머니, 이 동네 오래 사신 분인가요?"

"그럼, 오래 살았지. 토박이인데."

순간, 아는 분이 틀림없다는 느낌이 들어 차에서 내렸다.

"할머니, 저는 옛날 빨간 함석집 둘째 아들입니다."

듣고 있던 할머니는 기억을 떠올리며 반색했다.

"나는 유남수 마누라여."

이럴 수가! 숨이 멎는 듯했다. 바로 이웃집에 살던 곱고 젊은 새댁이었는데 반세기 세월이 연극배우처럼 새댁을 백발 할머니로 변장해 놓았다.

어머니의 흔적을 더듬어 가기 시작했다. 칠 남매가 태어나고 자란 빨간 함석집을 찾았다. 기억을 떠올리며 찾아간 곳에는 옛 모습이 아니었고 슬레이트 지붕에 전형적인 농가로 변해 있었다. 떠나올 때 가족을 지켜 준 고마움에 기둥 하나하나를 쓰다듬어 주었지만 온정 담긴 옛 모습은 찾을 수 없었다.

어머니의 혼을 묻고 사셨던 부엌, 솥과 아궁이, 물 두멍도, 물동이 이고 수시로 다니셨던 동네 우물과 향나무도 전설처럼 사라져 버렸다. 칠월칠석이면 터줏가리 항아리에 묻어 두었던 벼를 돌절구에 찧어 몽글몽글한 쌀밥을 지어주시던 사랑도, 밤이면 가족이 잠든 사이 장독대 소반 위에 정화수 떠놓고 자식을 위해 치성 드리시던 흔적도, 시간과 공간 속에 너울대는 꿈결로 다가올 뿐 공허 속을 맴돌았다.

불볕더위가 쏟아지는 여름날, 어머니와 콩밭에서 김맬 때의 일이다. 땀으로 범벅되어 심통이 난 나에게 어머니가 말씀하셨다.

"둘째는 농사꾼이 되어 가업을 이어가거라."

그 말씀이 나에게는 캄캄한 절망으로 들렸다. 가난으로 얼룩진 아픔이 곳곳에 서려 있기에 청천벽력처럼 들려왔다. "그렇게는 살 수 없다"고 어머니께 소리치며 거세게 반항했다. 김매던 호밋자루를 사정없이 내던졌다. 어머니의 노여움을 뒤로한 채 무작정 버스를 타고 서울로 올라왔다.

그 사건은 나와 가정에 새로운 길을 찾는 전환점이 되었다. 암울했던 가난을 멀리할 수 있었고, 부모 형제를 지킬 수 있었다. 나를 바로 세우기 위한 고통을 수없이 겪어야 했지만 오로지 더 나은 삶을 위해 먼 길을 질주해 왔다.

힘들 때마다 나를 버티게 한 건 어머니였다. 자식을 위해 일생을 바치신 어머니의 깊은 뜻은 헤아리지 못하고 철없이 반항했던 그때를 생각하면 어머니께 죄송한 마음뿐이다.

사계절 철따라 논밭을 신앙처럼 가꾸시던 어머니, 물 두멍에 물이 떨어지면 양식 떨어진 것 같다고 항상 채워 놓던 어머니, 밥 한 그릇에 물 두 바가지 부어 부글부글 끓인 후 자식들 다 퍼주고 당신은 미음 한 모금에 배부르다 하시던 어머니, 내가 오늘을 지탱할 수 있는 많은 가르침을 주셨다. 편히 오래 모시지 못한 한을 남기고 분신처럼 애착하던 자식들을 가슴에 품으신 채 회갑 다음 해 돌아가셨다.

어느 하루, 내 마음의 초록 잎을 피우기 위해 어머니의 온기를 찾아간 고향. 맑은 하늘 아래 어머니의 영혼이 산들바람 타고 그곳에 오셨다. 내가 가는 주위를 떠돌고 계심을 보았다. 어머니와 함께 땀 흘렸던 콩밭은 배나무밭으로 변했고, 하얀 배꽃으로 피어나 함박웃음 지으며 가슴에 품어 주시는 어머니의 모습을 보았다.

3_ 페달의 힘

빛이 말하고 있다

페달의 힘

방황의 뒤안길

한 시간의 긴 인연

JC에서 만난 인연

그는 나의 스승이었다

신뢰 하나로

상상이 현실로

반장 아빠

영원회 탄생

빛이 말하고 있다

소년 시절, 밤의 빛은 등잔불이었다. 책을 많이 읽는 날은 코끝에 그을음으로 분칠을 하고 졸음이 오면 눈썹을 태우기도 했다. 그 불빛 밑에서 어머니는 시침이며 손바느질을 곱게 하셨다.

어느 날이었다. 면서기가 마을에 찾아와 전깃불이 들어오게 되었다고 알려 주었다. 읍내에서만 보았던 전깃불이 마을에 들어온다니 행여 꿈이 아니기를 빌면서 그날을 기다렸다.

얼마 후 건넛마을부터 논밭 가리지 않고 구덩이를 파고 기름 먹인 나무 전봇대를 일렬로 세우기 시작했다. 마을을 향해 군인들이 행군해 오고 있는 것 같았다. 엉덩이에 연장을 권총처럼 차고 전봇대에 올라가 일하는 전공 아저씨들이 신기하고 멋있어 보였다.

마을에 전봇대가 여기저기 세워지고 우리 집 처마 밑까지 전깃줄이 연결되었다. 대청마루에도 안방, 건넛방, 부엌과 광에도 구석구석 연결해 놓았다. 뭔가 우리 집에 행운이 찾아올 것 같아 들떠 있었다.

드디어 전깃불이 들어오는 첫 밤을 맞이했다. 하룻밤 사이에 별천지가 되어 버렸다. 대낮보다도 더 밝은 세상이 된 것이었다. 꼬물꼬물 기어다니는 작은 개미도 보이고 온갖 곤충과 날벌레들이 백열등에 몰려와 춤추며 잔치를 벌였다.

뜰에 핀 백일홍, 채송화, 분꽃도 불빛을 반기는 듯 활짝 웃고 있었다. 낮부터 제비 가족이 떼 지어 전깃줄에 나란히 앉아 축가를 부르고 가족회의를 하는 것 같았다.

어른들은 서낭당에서 제를 올렸고 마을 축제가 열렸다. 농악대가 흥을 돋우고 남녀노소가 환희에 빠졌다.

밤마다 친구들과 몰려다니며 딱지치기, 소구치기, 야구놀이도 했다. 구장 집에 라디오와 앰프 시설을 해 놓고 집집이 스피커를 연결하여 뉴스와 연속극을 듣기 시작했다.

문화생활을 모르고 살던 마을 사람들도 세상을 보는 눈이 조금씩 뜨이기 시작했다.

마을 앞 드넓은 안성평야는 밭이거나 잡초가 우거진 쓸모없는 모래벌판이었다. 구간마다 전기를 연결한 모터 집을 만들어 놓고 지하에 철관을 묻고 지하수를 퍼올렸다. 넓은 황무지가 옥토로 변하여 곡창지대가 되었다. 예부터 대물림했던 보릿고개 춘궁기도 사라졌다. 추석이 돌아오면 황금물결이 넘실거렸다.

전기의 위력은 끝이 없었다. 보름달 떠오르는 한가위 밤이면 전깃불을 대낮처럼 환하게 밝히고 풍년을 자축하는 신파극도 했다. 세상 풍속이나 인정 비화를 다룬 연극을 했다. 또한 '춘향전', '장화홍련전' 같은 사극과 시대극 등 다양한 내용을 무대에 올렸다.

나는 이십 대 초반에 〈우정의 총성〉이란 시나리오를 쓰고 주연과 감독을 했다. 전쟁이 남기고 간 참화 속에서 피어난 우정을 그린 연극이었다. 공연 두 달 전부터 저녁마다 출연진과 함께 맹연습을 했다.

드디어 기다리던 추석날 밤 가설극장이 만들어졌다. 무대에는 모든 소품이 갖추어졌고 확성기에서는 흘러간 노래가 구성지게 울려 퍼져 나갔다. 인근 마을에서 구경꾼이 몰려오는 바람에 마을은 온통 잔치 분위기로 들떴다.

한가위 달이 떠오를 때 공연 시작을 알리는 요란한 징소리가 울려 퍼지고 조명을 받으며 서서히 막이 올랐다. 멍석 위에 앉아 있는 관중들의 시선은 무척 진지했다. 연극은 농사일에 찌들고 어둠에 가려진 마을 사람들의 마음을 환히 비춰 주었다. 처녀 총각이 눈을 맞추고 풋사랑의 불꽃을 피우는 기회가 되기도 했다.

환호하는 관중들의 박수갈채는 나도 할 수 있다는 자신감을 갖게 했다. 무대에 올렸던 희곡 작품을 들고 무작정 서울로 올라갔다. 〈갯마을〉, 〈저 하늘에도 슬픔이〉로 유명한 김수용 감독도 우리 마을에서 청소년 시절 신파극을 연출했던 십여 년 선배다. 내가 뜬금없이 시나리오를 쓰고 작가의 꿈을 꾸게 된 것도 그런 선배가 있어 가능했다.

서울의 밤 불빛은 휘황찬란했다. 거리마다 가로등이 불야성을 이루고 네온 불빛은 청년의 가슴을 활활 타오르게 했다.

신문 광고에서 알게 된 시청 앞 한양영화사를 찾아갔다. 우수한 영화를 만든다는 무지갯빛 환상에 젖어 영화 제작

자인 백완白完 사장을 면담하고 싶다고 했다.

"무슨 일로 만나자고 하시는지요."

"사장님께 직접 말씀드려야 할 일입니다."

"출장 중이신데요."

다음 날 또 찾아갔다.

"회의 중이라 만날 수 없습니다."

작품은 소개하지도 못한 채 문전박대만 당하고 돌아왔다.

전깃불은 무명의 시골 청년을 단 한 편의 시나리오로 작가가 되는 꿈을 꾸게 했다.

시대가 변하고 텔레비전이 안방을 차지하면서 신파극도 막을 내리게 되었다. 따라서 내 꿈도 안개 걷히듯 사라져 버렸다. 소년 시절 처음 본 전깃불의 감동은 새로운 세계로 들어서는 희망의 신호였다.

빛은 새로운 세계를 보게 했다. 빛이 있는 곳에는 느낌이 있고 새로운 발상이 생긴다. 그 깊은 뜻을 헤아리지 못하고 얼마나 많은 시간을 흘려보냈는가.

그때 오감을 자극했던 환희의 전깃불, 그 불빛을 글빛으로 가꾸기 위해 오늘도 펜을 든다.

페달의 힘

우리 집에는 빨간 자전거가 있었다. 아버지가 타시던 4호인데 대문 옆 담벼락에 오랜 세월 수문장처럼 서 있었다. 자전거를 볼 때마다 '어떻게 하면 탈 수 있을까?' 호기심이 발동하곤 했지만, 자전거를 타기엔 어린 나이였다.

내가 초등학교 삼 학년쯤 되었을 때였다. 집에 어른들이 안 계신 날이면 마당으로 끌고 나와 혼자서 자전거 타기 연습을 하기 시작했다. 가슴보다 높은 자전거를 타려니 자빠지기도 하고 담벼락에 부딪쳐서 피멍이 들기도 했다. 윗집 마당에서 우리 집 마당까지는 비탈길이었다. 그곳으로 끌고 올라가 페달을 밟지 않고 달리는 연습을 수없이 반복하면서 자전거 타는 요령을 조금씩 깨우치게 되었다.

처음으로 페달을 밟고 마을 앞 신작로를 달렸을 때, 해냈다는 짜릿한 쾌감은 수십 년이 지난 지금도 기억에 남아 있다.

1960년대 중반, 나는 화장품 시장의 불모지였던 고향 읍내에 화장품 방문 판매 대리점을 개업했다. 산업사회로 변화하는 과정에 시장 점포 판매에서 방문 판매가 국내에 처음 시작될 때였다. 당시 영세한 시골에서 화장품 판매업은 허공에서 뜬구름 잡는 것 같았다.

첫 판매사원으로 채용한 삼십 대 중반의 안씨는 보따리 방물장사로 일곱 식구를 부양해야 하는 여인이었다. 출발부터 본사의 엄격한 정찰제 방침에 따라 제품을 정가로 판매해야 하는 어려움을 이겨내야 했다. 구매력이 약한 좁은 시장에서 타사와 경쟁을 하다 보면 신입사원을 채용해도 일주일을 버티지 못하는 사람들이 대부분이었다.

그 시절 시골은 모두 비포장길이었다. 주부 사원들은 허리가 휠 만큼 무거운 화장품 가방을 들고 수십 리 산골 마을을 걸어 다니다 보니 손발이 부르트고 파김치가 되어 들어오곤 했다. 그래도 가족의 생계 때문에 생활전선에 뛰어든 그들에게는 꿈과 희망을 찾아 주는 유일한 길이었다.

어떤 방법을 찾아야 할까? 자나깨나 온통 그 생각만 했다. 고심하던 어느 날 번개처럼 방법이 떠올랐다. 바로 어린 시절 배운 자전거였다.

당시 시골에서 여자가 자전거를 타고 다닌다는 것은 누구도 생각지 못한 일이었다. 그래서 설득하는 데 무척 어려웠지만 뜻을 굽히지 않고 밀고 나갔다. 처음 입사한 안씨부터 자전거를 배우도록 간곡히 권했다. 이어 다른 판매사원들도 차례로 배우게 하고 할부로 구매할 수 있게 보증을 서 주었다. 그때부터 변화의 바람이 불기 시작했다.

곱게 화장한 얼굴에 모자를 쓴 판매사원이 자전거를 타고 마을에 나타나면, 마치 연예인이 찾아온 것처럼 시골 여인들의 부러움을 사곤 했다. 입소문이 꼬리에 꼬리를 물면서 저절로 홍보가 되기 시작했다.

농촌의 판매 성과는 곡식으로 받으면 매출과 수금 회전율이 월등히 높아 빠른 자전거가 그 몫을 톡톡히 했다. 판매사원 모두 얼굴에 웃음꽃이 피고 신바람이 났다.

성공 사례가 회사를 통하여 전국으로 퍼져 나가자 동아일보에서 여성동아를 창간하면서 취재기자가 내려왔다. '자전차 행상 내가 나섰다' 라는 제목으로 안씨 기사가 특집으로 소개되면서 전국 최우수 판매사원 수상자로 선발되고, 나는 최우수 대리점장으로 금메달을 탔다.

이 일은 불모지 벽촌에서도 기적을 이루는 본보기가 되었고, 모범 대리점으로 선정되어 전국 대리점에서 다투어 견학을 왔다. 또한 판매사원들에게는 용기와 희망을 심어주는 촉진제가 되었다.

그즈음 안씨는 방물장사 시절에 신청했던 브라질 이민 통지가 날아와 아쉬움을 남긴 채 가족과 함께 이민을 떠났다.

십 년 후, 어느 날 본사 비서실에서 전화가 걸려왔다. 본사 중역이 미국 뉴욕 지사에 갔는데 내가 운영하던 대리점에서 판매사원으로 근무했던 사람이 맨해튼에서 화장품 가맹점을 운영한다는 소식을 전해 왔다. 혹시 브라질에 이민 간 안씨가 그곳에 정착하지 못하고 뉴욕으로 가게 된 것은 아닐까 의아했는데, 예상이 적중했다.

그 후 맨해튼 음대에서 공부하는 딸을 보기 위해 뉴욕에 갔을 때였다. 안씨가 소식을 듣고 달려왔다. 헤어진 지 이십 년 만의 감격스러운 만남이었다. 그는 뉴욕 맨해튼 중심가 직물시장에서 직물제조회사를 경영하는 사업가로 성장해 있었다.

젊은 날 동고동락했던 동료 중 한 사람은 뉴욕에서, 다른 사람은 서울에서 회사를 경영하는 사업가로 변신해 마주하고 있었다. 마치 꿈을 꾸는 듯 격랑을 헤쳐 나온 감회가 우리를 휘감았다. 가난의 늪에 빠져 고난을 함께 헤쳐 나온 과거를 회상하며 눈시울을 적셨다. 우리의 오늘이 있기까지는 자전거 행상에서 깨우친 페달의 혼이 있었기에 가능했으리라.

어린 시절 끈질기게 매달려 배운 자전거 타기는 어려웠던 시절 새로운 삶의 수단이었고, 공간을 정복하는 새로운 발상이었다. 페달은 깊은 잠을 깨워 준 통로였다. 한편 외길만 향해 페달을 밟다 보니 길가에 피어 있는 풀꽃의 존재도 자연의 아름다운 조화도 함께 숨 쉬어 보지 못하고 놓쳐 버린 삶이었다.

이제 내 삶의 작고 소중한 의미를 찾고 싶다. 새로운 길 문학의 끊임없는 수련을 통해서 잊어버린 나를 발견하는 페달을 밟고 싶다.

방황의 뒤안길

이십 대 때 나는 진로를 찾지 못해 방황하고 있었다. 5 · 16 전에 기피했던 징병 대상자들에게 영장이 쏟아져 나와 갑종이면서 보충역으로 밀려났다. 그때부터 병역 미필자라는 낙인이 따라다녀 설 자리가 없었다.

시골집에 농토는 적고 부채가 많아 하루하루가 바늘방석이었다. 직업을 구하지 않으면 병환 중의 부모님과 아홉 식구 살아갈 길이 막막했다.

추수가 끝나고 겨울이 오면 마을 앞 저수지 수로 공사장에 나가 제방 쌓는 일을 했다. 칠팔 명이 조를 이루어 오십 미터씩 도급을 맡아서 했다. 등짐으로 흙을 운반하는 노동이었다. 입에서 단내가 나는 고역이었지만 그나마 공사가 끝나 다시 일자리를 구해야 했다.

찾은 일자리는 친척이 소장으로 있는 충주 활석 광업소였다. 지하 칠백 미터가 넘는 갱도 안에서 활석을 캐내는 일이었다. 갱도 안에서 가로 3미터 세로 2.5미터 되는 막장을 목침으로 받쳐가며 파고 들어가야 했다. 위험이 도사리고 있는 일이었다. 다이너마이트가 터지고 활석이 산더미처럼 무너져 내릴 때면 내 꿈도 함께 무너져 내리는 것 같았다.

숨막히는 공간에서 활석을 등짐으로 리프트에 옮기는 작업을 하면서 밀려오는 외로움과 고독을 함께 퍼날랐다. 그런 생활도 소장이 퇴임하면서 일 년을 넘기지 못하고 끝났다.

불안정한 노동으로 내일을 가늠할 수 없는 나날이 이어졌다. 문제가 있으면 답이 있을 터, 허공에 떠 있는 답을 찾아 농번기가 지난 초겨울 무작정 서울로 떠났다. 오전에 출발한 버스는 비포장도로 눈길을 거쳐 밤이 되어서야 용산 시외버스 정류장에 도착했다. 목적지인 서울을 찾아왔으나 갈 곳이 없어 파출소를 찾아갔다.

사정을 들은 경찰이 갈월동에 있는 시립 직업안내소를

안내해 주었다. 장안의 실직자는 다 모인 것 같았다. 발냄새가 코를 찌르고 이가 득실대는 합숙소에서 하루가 지나면 또 하루, 그렇게 일주일 동안 직업 사냥에 나섰다. 그때마다 병역 미필자라는 장벽이 가로막고 있었다.

갈 곳 없는 서울의 겨울은 유난히 을씨년스럽고 삭막했다. 한 가닥 실마리도 잡지 못한 채 초조한 나날이 계속되었다. 용기마저 잃으면 꿈도 날아갈 것 같았다. 실낱같은 끈 하나라도 잡으려면 어디라도 부딪쳐야 했다.

준비해 가지고 간 시나리오 대본을 들고 시청 앞 한양영화사를 찾아가 제작자를 면담했다.

"심사 후 결정되면 연락하겠습니다."

흘려버리는 말을 뒤로 한 채 나왔다. 패기마저 놓치면 쓰러질 것 같았다.

광화문 동아일보사를 무작정 찾아갔다. 누구를 만나 무슨 말을 어떻게 해야 할지 정리가 되지 않았다. 수학으로는 답이 없었다.

사장님을 만나러 왔다고 하자 수위가 친척이냐고 물었다. 엉겁결에 그렇다고 대답했다.

곧 비서실로 안내해 주었다. 비서실장의 눈초리가 예사

롭지 않았다.

"친척이라고 하셨지요? 어떻게 되는 친척이신가요?"

"사실은 동아일보사에서 일을 하고 싶어서 왔습니다."

"사장님은 사사로운 일로 만날 수 없습니다. 방명록에 연락처를 남겨 놓고 가시면 말씀드려 보겠습니다."

그때 동아일보사 사장은 최두선 씨였다.

다리가 후들거리고 맥이 탁 풀렸다. 되돌아가자니 절벽이고 만날 수도 없으니 서울에서 더 버틸 수도 없었다. 시골로 내려가야 했다.

다음 해 1963년 3월 제8대 국무총리로 동아일보 최두선 사장이 임명되었다는 소식을 방송과 신문을 통해 알게 되었다. 그 후 며칠이 지난 어느 날이었다. 우리 집에 이장이 찾아왔다. 그의 손에는 대한민국 국무총리가 보낸 큰 봉투 하나가 들려 있었다.

"어떻게 된 일이여? 국무총리가 시골에 있는 자네에게 편지를 보내다니, 무슨 좋은 일이 있는 거여?"

이장은 의외라는 듯 고개를 갸웃거리며 말했다. 뜻밖의 상황에 꿈을 꾸는 듯 황홀했다. 순간 갖가지 상념이 영상처럼 스쳐 지나갔다. 혹시 취직이라도? 떨리는 마음을 달래며 봉투를 열었다.

"귀하가 보내 주신 관심과 배려에 감사드립니다. 국가에 부름을 받고 국무총리의 중책을 맡게 되었습니다. 소임의 막중함을 절감합니다. 앞으로 변함없는 성원을 보내 주시기 바랍니다."

총리 취임 인사말이었다. 시골 청년의 메모 하나도 잊지 않고 관심을 보내 준 그분의 따듯한 손길이 고마웠다. 그러나 밀려오는 허탈감을 감출 수 없었다. 한편 절망에서 헤쳐 나올 수 있는 용기를 심어 주었다.

그 후 새로운 도전이 계속되었다. 돌이켜보면 나의 이십 대는 무한한 도전의 연속이었다. 그만큼 절박했다. 그 과정은 내가 건너야 할 다리였다.

한 시간의 긴 인연

삼십 년 전 일이다.

초겨울 어느 날, 친구 네 명이 승용차를 타고 새벽 운동을 가고 있었다. 국도를 지나 골프장 입구 2차선 좁은 길로 들어섰다. 오랜만에 만나 이야기꽃을 피우느라 새벽길에 살얼음이 얼어 있는지 살피지 못한 채 구불구불한 길을 달려가고 있었다. 그때 차가 흔들리기 시작하면서 요동쳤다. 조수석에 앉은 친구가 소리쳤다.

"안전띠 매라. 침착해라."

그 말이 떨어지는 순간 우리는 잽싸게 안전띠를 맸다. 운전하는 친구가 급브레이크를 밟았다. 차가 빙판길에 미끄러지면서 총알처럼 튕겨 나가 개울로 곤두박질쳤다.

우리는 차 안에서 안전띠에 의존한 채 거꾸로 매달려 있었다. 바닥에 깔렸던 매트가 얼굴을 덮쳐 눈을 뜰 수가 없었다. 차가 완전히 멈추자 그 친구가 또 소리쳤다.

"움직이지 말고 일 분 정도 기다려라."

우리 일행은 그 친구의 말에 따라 일사불란하게 움직였다.

"이제 됐다. 한 손으로 의자를 잡고 한 손으로는 안전띠 풀고 한 사람씩 밖으로 나가자."

아무리 나오려고 발버둥쳐도 마음뿐이었다. 문이 열리지 않아 소리치는데 조수석 앞문이 조금 깨져 있어 더 깨고 힘겹게 한 명씩 빠져나왔다. 나와 보니 폐차할 정도로 차체가 부서져 있었다. 우리 일행은 소리친 친구의 기지로 위기를 모면했다. 통원치료를 해도 될 만큼 머리와 팔다리에 골절상만 입은 상태였다. 졸지에 당한 일이어서 무엇부터 해야 할지 황당하기만 했다.

휴대폰도 없던 시절이라 지나가는 차를 얻어타고 가야 교통경찰에 신고도 할 수 있고 자동차 정비업소나 견인차를 불러 사고 수습을 할 수 있었다. 새벽길이어서 지나가는 차를 만나기도 어려웠다. 어쩌다 달려오는 차를 발견하면 태워 주겠지 하고 손을 들어 보았지만 그대로 지나쳐 버렸다.

긴급한 현장을 보고도 못 본 척 십여 대가 그냥 지나갔다. 한 시간이 지나고 두 시간이 지나가고 있었다. 초겨울 아침 서릿바람은 살을 도려내는 듯 쌀쌀했다. 야박한 인심을 탓하며 발을 동동 구르고 있는데 마침 달려오던 검은 승용차가 사고 현장을 보고 우리 앞에 섰다. 승용차 뒷문이 열리더니 훤칠한 키의 노신사가 차에서 내려 우리 쪽으로 다가왔다.

"다친 분은 없으신가요? 사고 신고는 하셨나요?"

"신고할 방법이 없어서 이렇게 맥 놓고 서 있습니다."

그분은 운전기사 편에 긴급히 회사로 연락해서 신고하게 도와주었다.

우리는 뜻밖에 나타나 어려운 문제를 해결해 준 그분에게 할 말을 잊고 있었다.

친구들은 현장에서 사고 수습을 하기로 하고 나는 서울로 올라와 후속조치를 하기로 했다. 그때 신사가 말했다.

"서울로 가시는 분이 계시면 모셔다 드리겠습니다."

"버스 탈 수 있는 곳에 내려 주시면 감사하겠습니다."

내가 승용차 앞문을 열고 조수석에 타려고 하자 그분이 정중하게 뒷좌석을 권했다. 마지못해 뒷자리에 어정쩡하게 앉아 있는데 내게 명함을 건네며 인사를 청했다. 소속사와 직함도 없이 성명만 적혀 있었다. 순간 겸손함이 배어 있는 명함이라는 느낌이 들었고, 그분의 성함이 낯익었다.

"일찍 운동을 다녀오시는 것 같은데 너무 큰 결례를 했습니다."

"아닙니다. 직원 연수가 있어서 왔다가 회사로 돌아가는 길입니다."

일상적인 대화가 오고가면서 차는 서울을 향해 고속도로를 달려가고 있었다. 양재동 진입로에 도착했을 때였다.

"이곳에 내려 주시면 감사하겠습니다."

"가시는 곳이 어딘데요?"

"대치동에 사무실이 있습니다. 내려 주시면 쉽게 갈 수 있는 곳입니다. 어려울 때 도와주셔서 감사합니다."

"충격이 크신데 행선지까지 모셔다 드리고 가겠습니다."

"이곳까지 태워다 주신 것도 과분한데 사양하겠습니다."

그러나 이미 차는 대치동을 향해 달려가고 있었다. 그분의 회사는 남대문 부근에 있어 복잡한 시내를 돌아가야 하는데도 개의치 않았다. 차는 어느덧 우리 회사 앞에 멈춰섰다.

"다 왔습니다. 졸지에 너무 큰 은혜를 입었습니다."

그분은 차에서 내려 책 한 권을 주면서 정중하게 인사를 하고 떠나갔다.

그 책은 《어느 할아버지의 이야기》였다. 저자는 그분이었고 자녀 교육에 관한 내용이었다. 당시 베스트셀러가 되어 대중의 관심을 끌던 책이었다.

'주신 책이 저의 집 자녀 교육에 큰 도움이 되고 있습니다'라는 말과 함께 베풀어 준 은혜에 감사의 뜻을 담아 책값을 우송했다. 며칠 후 책의 인세가 많이 나와 큰 수익을 보았으니 마음만 받겠다는 인사와 함께 반송해 왔다.

일면식도 없이 자동차 사고로 우연히 만난 한 시간의 인연이었다. 그러나 그 시간은 노신사가 사십 대 젊은 사람에게 세대 차를 넘어 겸손과 배려의 의미를 뚜렷하게 각인시켜 준 소중한 시간이었다. 살면서 좋은 스승을 만나 가르침을 받는 시간은 한 시간으로도 충분하다는 것을 깨닫게 되었다.

노신사가 남겨 준 그때의 감동은 지금까지 내 삶 속에 살아 숨쉬고 있다. 때때로 어둡고 그늘진 곳을 살펴보라는 교훈으로 나를 가르치곤 한다.

노신사는 전 한국전력 사장이었고, 당시는 한덕생명 박정기 회장이었다.

JC에서 만난 인연

외출했다가 돌아오니 현관 앞에 웬 택배가 와 있었다. 제주도에서 온 한라봉이었다. 물표에 이름과 전화번호가 있었지만 누구인지 의아했다. 전화를 걸었다.

"여보세요, 한라봉을 보내셨는데 누구신가요?"

상대방은 말을 하지 않고 껄껄껄 웃었다.

"김 회장님, 저 김용태예요. 지금 제주에 가족 여행 왔어요. 한라봉을 보는 순간 회장님 얼굴이 떠올라 보냈어요."

사십 년 전 정을 잊지 않고 선물을 보내다니, 그것도 가족과 함께 여행 중에….

그는 공주 출신으로 대학 동기인 P와 함께 안성에서 고교 교사로 근무하면서 JC청년회의소 봉사 활동을 함께

한 사람이다.

1974년도 안성 JC 회장을 선출할 때였다. K와 P 등 몇 사람이 나를 회장으로 추천했다. 당시 대학을 나오지 못한 회원이 혼자뿐이어서 밝힐 수도 없고 냉가슴을 앓고 있었던 터라 손사래를 쳤다. 그러나 내 의견과 관계없이 무기명 비밀 투표가 시작되었다. 결과는 다수의 표차로 내가 뽑혔다. 예기치 못한 일이어서 사양하려 했으나 여러 회원이 한결같이 지지하는 바람에 어쩔 수 없었다.

곧 임원 구성에 들어갔다. 창립 멤버로 공로가 많은 P는 상임부회장으로, 입회한 지 일 년밖에 안 된 K는 사무국장으로 지명했다. JC에서 처음 만나 서먹했던 우리는 그때부터 바늘과 실의 관계가 되었다.

그때 한국청년회의소JC 중앙회에서는 '조국의 미래 청년의 책임'이라는 슬로건을 내걸고 젊음의 기상을 마음껏 발산하게 했다.

안성 JC에서도 새로운 회장단이 구성되면서 비중 있는 사업을 하기로 결의하고 JC의 3대 이념인 '지도역량개발'을 주제로 경기지구 제1회 회원 연수회를 열었다. 도내 시군단위 지역 회장단과 회원 백이십여 명이 안성으로 몰려왔다.

회장 환영사에 이어 연사는 상임부회장 P가 나섰고 사회는 사무국장 K가 담당했다. 장내는 숨소리조차 들리지 않을 정도로 조용했다. 사례를 중심으로 현장감이 살아 있는 연사의 강의에 감탄했고, 사회는 임택근 아나운서로 착각할 만큼 매끄러운 진행 솜씨에 기립 박수를 받았다.

그 시절 나는 안성에서 아모레화장품 대리점을 운영하고 있었다. 어렵게 시작한 첫 사업이 뜻밖에 안정을 찾아가고 있었던 터라 소비자에게 사은 행사를 하고 싶었다. 어떻게 하는 것이 소비자에게 도움이 될까 싶었다. 그들과 상의하여 부녀자 대상 사업은 자녀 교육에 도움이 되는 이벤트를 하는 것이 가장 바람직하다는 결론을 얻었다.

당시 서울대학교 장병림 심리학 교수를 초청해 '자녀 교육 무엇이 문제인가'란 주제로 세미나를 열었다. 장소는 그 두 사람이 근무하는 고등학교 강당을 소개해 주어 토요일 오후 두 시부터 세미나를 열었다. 각 기관장의 협조로 관내 여자 공무원과 자녀 교육에 관심 있는 사람들은 모두 초대했다. 참석 인원은 삼백여 명이었다.

사회 초년생으로 소규모 사업에만 매달려 있던 나에게

P와 K는 비전을 깨우쳐 준 은인이었다. 그들의 조언을 받아 군내 중고등학교와 전문대학까지 12개교를 대상으로 장학회를 운영한 적이 있었다. 선발된 열두 명 장학생과 각 학교 교장을 모신 자리에서 아모레장학회를 출범했다.

여러 직책이 주어지고 활동범위가 넓어지자 생활의 변화가 생겼다. 시간에 쫓기는 노예가 되지 말고 시간을 지배하며 살아야 한다는 강한 울림이 마음의 눈을 뜨게 했다. 스케일이 커지면 커질수록 자신의 아픈 상처가 드러나기 시작했다. 가는 곳마다 학력의 꼬리표가 사람의 평가 기준이 되어 장애물로 나타났다.

취업 문을 두드릴 때마다 가슴을 때렸고, 배우자를 선택할 때도 그랬다. 특히 날개를 펴려고 하면 어김없이 나타나 앞을 가로막았다. 삼십여 년의 응어리를 풀기 위해 새로운 도전을 시작했다. 낮이면 생업에 종사하고 밤이면 서울로 포니 승용차를 몰고 다니면서 청소년기에 채우지 못했던 학업을 만학으로 채웠다. 당시 개통된 경부고속도로는 앞길을 열어 주는 통로였고 불가능을 가능케 했다.

변화는 우리를 안성에 머물지 않게 했다. 새로운 비전을 찾아 떠날 수밖에 없었다. P는 안성에서 고교 교장을 마감하고 대학 강단을 거쳐 퇴임하고, K는 대구대학을 정년 퇴임한 후 대전에 살면서 내외가 인성교육 봉사자로 활동하고 있다. 나는 안성을 떠나 서울에서 중소기업을 경영하다 기업 교육사업인 한국능률협회 고문으로 있다.

우리는 몸은 멀리 있어도 마음은 늘 곁에 있다. 만나고 싶으면 대전으로, 서울로, 안성으로 달려가 부부 동반으로 그 시절 옛 향취에 취하곤 한다.

삼십여 년이 지난 어느 날이었다. 고향 친구 아들 결혼식이 있어 안성 대림동산 예식장에 간 일이 있었다. 예식이 끝나고 식사하는 자리였다. 한 중년 여인이 찾아와 반갑게 인사를 했다.

"회장님, 안녕하셨어요. 저 설민영이에요."

모르는 사람인데 의아했다.

"누구신지요?"

"안성여중에서 장학금 받았던 학생입니다."

그제야 어렴풋이 기억이 났다. 그의 수수한 차림이 영락없는 주부로 보였다.

"아, 그래요. 몰라봐서 미안해요. 지금 어디 살아요? 아이는 몇이고?"

"저 아직 결혼 못했습니다."

"그래, 지금 무얼 하고 있는데?"

"회장님이 주신 장학금 받아 공부해서 청주대학 교수가 되었습니다."

뜻밖이었다.

순간 말을 잊지 못했다. 눈물이 핑 돌았다.

JC에서 만난 인연은 자국마다 울림으로 다가왔다.

그는 나의 스승이었다

1960년대 안성에서 화장품 대리점을 운영할 때였다. 그때 나는 서울에 있는 태평양화학 영업부에 자주 들렀고, 그곳에서 깨끗한 피부에 이목구비가 수려한 귀공자 같은 사람을 만났다. 그는 경영능력이 뛰어난 사람이었다. 공채 1기로 입사해서 영업부에 근무하고 있었다.

영업부에서는 새로 개발한 아모레 브랜드의 시장 점유율을 높이기 위해 그가 중심이 되어 영업 아이디어를 쏟아냈다. 구역제를 적용하여 침투율을 관리하게 하고, 아침 교실을 열어 판매원이 갖추어야 할 기본상식을 지도하게 했다. 한편 한국능률협회에 의뢰하여 대리점장 정신교육에도 비중을 두었다. 그때 나는 본사에서 그를 만나면

눈인사만 하는 직원과 거래처 점장 관계였다.

당시 농촌에서 화장품 판매는 벽에 대고 박치기를 하는 것과 같았다. 생존의 갈림길에서 방황하고 있을 때 그와 만나 조언을 듣고 나면 숨통이 트이는 것 같았다. 마치 어둠이 걷히고 먼동이 트는 것 같았다. 매출의 핵심을 알게 되자 밤낮을 가리지 않고 몰두했다. 그럴 때마다 매출이 늘어나기 시작했고, 개업 오 년 만에 전국 최우수 대리점으로 금메달을 받았다.

그러던 그가 영업과장을 거쳐 전라남북도를 담당하는 광주지점장이 되었다. 그는 행동하는 지도자였다. 지점장의 인솔로 광주지점 산하 대리점장 마흔다섯 명을 이끌고 안성대리점으로 견학을 왔다. 나는 귀공자로부터 배운 전략을 그대로 전했다.

혼을 바치니까 길이 보인다고 했다. 점장이나 판매원이 직업으로 긍지를 가지게 하는 데 중점을 두었다고 알렸다. 화장은 소비자가 사회활동을 활성화하는 데 필수적인 동력이라고 강조했다. 매일 아침 교실에 중심을 두어 판매원에게 확고한 긍지를 심어 주어야 매출이 보장된다고 했다. 소비자를 방문할 때 단정한 용모와 방문 에티켓,

제품 상식, 그리고 자신감을 갖고 출발하면 판매는 저절로 따라온다고 했다. 그 후 우리는 뗄 수 없는 친구로 발전했다.

그가 홍보이사로 승진하여 본사로 돌아왔다. 낮에는 회사에서 밤에는 대학으로 동분서주하면서 석사과정을 마치고 박사과정까지 이수했다. 그는 인재를 키우는 교육사업을 하고 싶어 했다. 우리는 마음이 하나되어 수원으로 오산으로 운영이 어려운 중고등학교를 인수해서 살려 보겠다는 각오로 찾아다니기도 했다.

우리가 칠십 년대에 하고 싶었던 교육사업은 수포가 되었지만, 그는 꿈을 버리지 않았다. 그가 계열사 대표이사가 되고 전문경영인으로 발돋움하는 과정을 바라보는 나에게는 그의 변화가 확고한 긍지를 심어 주는 울림으로 다가왔다.

포니 승용차를 사고 운전도 배웠다. 밤이면 승용차를 몰고 안성에서 서울로 다니면서 청소년기에 채우지 못했던 학업을 채웠다. 그럴 때마다 그의 한결같은 응원이 버팀목이 되었다.

어느 날 그가 회사를 그만두고 부산여자대학으로 홀연히

떠나갔다. 경영자에서 학자로 변신한 것이다. 그는 후학을 지도하는 일을 꼭 이루어야 할 사명으로 생각하고 있었다.

그렇게 해서 우리는 서로 다른 길로 가게 되었다. 그 사건은 나에게 작지 않은 충격이었다. 시골에 안주하면 미래가 보이지 않는다는 자극제가 되었다. 변화를 위해 대리점을 정리하고 서울로 올라왔다.

서울에서 우유 대리점을 운영하면서 온갖 어려움을 겪은 후에 다시 태평양과 인연을 맺게 되었다. 제품을 공급받아 판매하는 대리점에서 원료를 공급하는 회사로 성장하는 기적을 일구어 냈다.

원료 수입 관계로 부산에 자주 가게 되었다. 그럴 때면 그와 만나곤 했다. 내가 갈 때마다 그는 불우학생을 돕는 자선 바자회를 하고 있었다. 수익금으로 학자금을 보조하기도 하고 생활이 어려운 학생들에게 용기를 심어 주는 행사를 주말마다 하고 있었다. 그의 진지하고 깊은 뜻을 보면서 고개가 숙여졌다.

그는 내가 부산에서 일을 마치고 서울로 올라올 때 만사 제치고 승용차로 해운대에서 김해공항까지 데려다 주곤 했다. 때론 함께 기차를 타고 서울로 올라올 때도 있었다.

우리는 식당 칸에서 식사와 차를 함께하며 미래를 설계하기도 했다.

그는 실향민으로 나라가 어려울 때면 누구보다 나라를 위해 앞장섰다. 사월혁명에 앞장섰고 후진교육에 헌신했다. 시대를 이끌어 가는 지도자의 길을 걸었다. 교수로 재직하면서 정치 일선에 나서지 않았지만, 시민운동도 하고 정치학회 부회장으로 사회 활동을 폭넓게 했다.

태평양화학을 떠난 지 이십 년이 되는 해에 그는 부산여자대학을 남녀 종합대학으로 승격시키는 데 공헌하고 대학 민주화의 기치를 내세워 초대 총장에 취임했다. 나는 아내와 함께 취임식에 참석해서 그가 교육자로서 우뚝 선 모습을 지켜보았다. 그때의 감회는 잊을 수가 없다. 그는 총장 임기를 마치고도 쉬지 않았다. 온라인 첨단교육의 선구자로 인정받아 세종사이버대학 총장 공개모집에서 경쟁을 뚫고 선출되었다. 재임 동안 뛰어난 경영능력으로 학교를 반석 위에 올려놓기도 했다.

내가 서울 인현로타리클럽 회장을 할 때였다. 그를 조찬 세미나에 강사로 초청한 일이 있었다. 연제는 '국제경제'였다. 세계 경제 흐름에 관한 해박한 강의는 회원들에게 큰 감동을 주었다.

사이버대학 총장 임기를 마치고도 그는 쉬지 않았다. 이번엔 학생 신분으로 돌아간 것이다. 남북통일을 하루속히 이루려면 지도급 사람들이 중국어를 배워야 하고 중국과 교류가 원활해야 통일을 앞당길 수 있다고 늘 안타까워했다.

뜻을 굽히지 않고 종로 중국어 학원에 학생 신분으로 삼 년간 지하철로 통학했다. 또한, 일자리를 찾아온 조선족들에게 한국어를 가르치기 위해 한국어 학원에 다니면서 문교부장관이 발급하는 문학사 교사 자격증을 받아냈다.

사설 학원을 설립해 수업료 없이 조선족과 중국인을 가르쳤다. 그 사실이 알려지면서 중국 베이징대학 내 한국기업 전문대학에 명예 총장으로 초청되어 중국에서 한국어를 지도하는 교수로 활동하기도 했다.

어느 날 그곳에 부산 신라대학 총장 재임 시 교분을 쌓아 온 주한 중국 총영사가 미얀마 대사를 마치고 이 총장을 찾아왔다. 그는 한국과 중국의 우호 관계를 개선하기 위해 앞장선 유일한 중국 관료 출신 엘리트였다. 그를 제주도와 평창동계올림픽 성공을 돕기 위한 제주도와 강원도 홍보대사로 위촉하는 가교 역할을 했다.

우리가 인연을 맺어 온 오십여 년. 그는 가는 곳마다 진정한 이 땅의 교육자로, 지도자로 헌신했다. 내가 방황하던 청년 시절, 말없이 손을 꼭 잡아 준 친구. 그는 언제 어디서나 행동으로 비전을 제시해 준 나의 스승이었다.

며칠 전 일이었다. 수서역 지하 찻집에서 만난 그는 아직도 못다 한 교육사업을 꼭 이루고 싶다고 했다. 그런데 팔순을 눈앞에 둔 나이에도 몸을 돌보지 않고 쌓아 온 지적 노하우를 다 펼쳐보지도 못한 채, 과로로 인한 백내장과 녹내장으로 시력을 잃어 가고 있다. 설상가상으로 알츠하이머로 걸음도 지팡이에 의지해야만 걸을 수 있었다.

친구의 건강이 이를 허락하지 않고 있다. 지하철 플랫폼에서 지팡이에 의지한 채 떠나는 나를 바라보며 하염없이 손을 흔들고 있었다. 그는 나의 앞날을 배웅하고 있는 듯했다.

나는 그의 건강에 기적이 일어나기를 빌고 있다. 실향민인 그가 그토록 원하는 통일은 언제 올 것이며, 온누리에 무궁화 꽃은 언제 필 것인가?

신뢰 하나로

신뢰 1

1965년 안성에서 화장품 대리점을 시작한 후 십삼 년 동안 나에게 많은 변화가 있었다. 판매원 한 명으로 시작한 사업이 안성, 서인, 죽산 대리점으로 확장되고 판매원도 팔십여 명으로 늘어났다.

방문 판매는 소비자에게 직접 찾아가 상품을 보여 주고 설명하면서 사고 싶은 충동을 느끼게 하는 장점이 있다. 매출은 판매원의 친절과 상품 지식에 따라 좌우된다. 우리는 '아침 교실' 한 시간 동안 모여서 그날의 매출을 준비했다. 그것이 대리점 성장의 포인트였다.

문제는 인구 십이만이라는 제한된 시장을 대상으로 하는

판매업은 성장에 한계가 있었다. 초등학교에 다니는 아이들 교육도 염려되었다. 넓은 세상에서 비전을 찾는 사업을 하고 싶었다. 태평양의 최우수 대리점으로 인정받고 있는 터라 본사를 찾아가 서울로 자리를 바꾸어 달라고 요청했으나 이미 자리가 잡혀 들어갈 틈이 없었다.

그때부터 서울을 오가며 새로운 사업을 찾아 시장 조사를 했다. 가능하면 생산업을 하고 싶었다. 화장품 판매에 노하우가 있어 생산업을 하려 해도 태평양과 대립하는 것 같아서 결심하지 못했다. 주택건설업이 붐을 타고 있어 하고 싶었지만, 경험도 기술도 부족하고 자본도 부담이 되었다. 한국유리 대리점을 어렵게 섭외했으나 일 년을 기다리라는 것이 문제였다.

우연히 평택에서 해태우유 대리점을 하는 지인을 만났다. 화장품보다 우유 대리점이 사업성이 더 나을 것이라고 권했다. 그는 롯데그룹에서 우유 사업에 착수했다는 정보가 있는데 그때가 오면 평택 대리점을 접고 서울로 올라가 롯데 대리점을 하겠다고 했다.

서울에서 새로운 업종을 찾는 나에게는 중요한 정보였다. 얼마 후 신문에 롯데우유 대리점 모집 광고가 나왔다.

먼저 수도권을 대상으로 대리점을 모집하고 있었다. 서울은 구 별로 하나씩이어서 도전해 볼 만했다.

응모 방식에 따라 1지망은 강남구로, 2지망은 동대문구로 신청했다. 이력서, 자기소개서, 사업계획서 등 구비서류를 갖추어 롯데제과 갈월동 본사로 갔다. 서류접수처에는 대리점 희망자가 발 디딜 틈 없이 몰려와 아수라장이었다. 접수하는 직원에게 물어보았다.

“경쟁률이 얼마나 됩니까?”

“70대 1이 넘고 있습니다.”

기가 막혔다. 헛꿈을 꾸고 있다는 생각에 다리가 후들거렸다. 더구나 서류 접수하는 사람들의 면면을 보니 헌칠하고 세련돼 보여 기가 죽었다. 내세울 것 없는 시골 출신이 서울에서 사업한다고 하는 것부터 분수를 모르는 것 같았다. 안성에서 하던 화장품 사업을 넘겨 버린 일이 후회스러웠다.

그렇다고 저질러 놓은 일이니 물러설 수도 없었다. 기대했던 희망마저 사라지면 무엇을 해야 할까 고심하고 있던 어느 날, 뜻밖에 1차 서류 합격자 면접이 있다는 통지서가 날아왔다.

나는 벽촌에서 화장품 방문 판매업을 성공시킨 사례를 설득력 있게 설명했다. 심사위원들이 관심을 보였다.

며칠 후 최종 합격자 통보가 날아왔다. 서울에서도 경쟁이 가장 치열했던 1차 희망지역 강남구였다. 서울에 진출하는 데 성공했다는 기쁨에 날아갈 것 같았다. 밤잠을 설치며 꿈에 부풀었다. 머릿속으로는 벌써 강남구 32개 동에 동 별로 분점을 두어 그룹으로 만드는 환상에 젖어 있었다.

당시에 서초구는 없었고 강남구와 서초구가 하나의 강남구였다. 대리점 계약을 마치고 역삼동에 아파트도 마련했다. 방배동에 사무실도 냈다. 우유 배송하는 탑차를 사들이고 시작부터 판매원 오십여 명을 모집해서 교육을 마치고 제품이 나오기만 기다렸다.

그러나 막상 뚜껑을 열어 보니 화장품 사업과는 거리가 먼 영세 사업이었다. 게다가 예상치 못했던 일이 벌어졌다. 영양을 우선으로 하는 저온 살균 우유로 만들어 고소한 맛이 없었다. 초고온 순간 살균으로 만든 타사 제품과 맛이 달랐다.

소비자의 반응은 싸늘했다. 회사에 건의해서 초고온

살균으로 바꾸어 달라고 대리점 합동으로 수십 차례 건의했으나 교체할 수 없다고 아예 거들떠보지도 않았다. 대리점들은 폐점 위기에 몰리고 말았다. 어려움이 따르자 판매원이 줄을 이어 나갔다. 화려한 꿈은 산산조각이 나고 있었다.

위기를 감지하고 학교 급식으로 방향을 바꾸었다. 십여 개 우유업체 간 경쟁은 그야말로 전쟁이었다. 그 와중에 강남에 신설되는 초·중·고등학교 15개교를 연결하는 데 성공했다. 상황은 전화위복이 되었다.

이를 지켜본 회사 중역들이 대리점장 교육을 해 달라고 찾아왔다. 다량 소비할 방법은 학교 급식이란 사실을 알렸다. 어릴 때 먹고 자란 우유를 성장해서도 찾게 된다는 이치도 말해 주었다.

학교마다 수업이 동시에 시작되므로 배송은 회사 냉장차로 학교까지 배송할 것, 섭외 능력 있는 대리점은 지역과 숫자에 제한을 두지 말고 밀어줄 것, 섭외한 학교마다 대형 냉장고를 설치해 줄 것 등을 건의했다. 회사는 전 대리점장을 소집해서 그 방법을 알렸다. 그러나 우유 후발업체가 학교를 섭외하기는 만만치 않았다. 송파대리점에서 두 학교밖에 섭외하지 못했다.

이후 실적을 올리지 못한 영업 담당 중역들은 책임을 지고 회사를 떠나야 했다.

신뢰 2

어느 날 롯데우유를 떠난 영업 상무 P가 찾아와 사정했다. 그는 야자 열매를 수입 가공해서 비누공장에 공급하는 일을 하고 있었다. 태평양에서 비누 원료로 매월 육십 톤을 쓰고 있으니 납품하도록 도와 달라는 것이었다. 어려운 부탁이어서 거절했다. 그러나 그는 포기하지 않고 날마다 찾아와 매달렸다.

"모든 재산 다 털어서 시작한 사업인데 도와주시지 않으면 거지 됩니다."

"신뢰가 생명인데 실수하면 안 되는 일입니다. 가능한 일인지도 모르고요."

"하늘이 무너져도 실수하지 않겠습니다. 도와주십시오."

그의 눈가에 맺힌 눈물을 보자 부탁을 거절할 수 없었다. 순간, 태평양과 거래를 다시 틀 기회라는 생각이 스쳐갔다. 화장품 대리점 사업을 접은 지 삼 년이 지나고 있었다. 태평양에 찾아가 회장을 만났다. 아모레 초창기에 벽촌에서 선풍을 일으킨 장본인이 왔다고 반겨 주었다.

"김 사장이 어쩐 일이오."

"회장님 곁을 떠나니 세상 살아가기가 어렵습니다."

"지금 안성에 살고 있지 않나요. 무슨 일을 하고 있지요?"

"서울로 올라와 동남아에서 야자 열매를 수입해서 야자유를 만들고 있습니다."

"그래요. 우리 회사도 비누 원료로 쓰고 있는데…."

"그래서 회장님 뵈려고 왔습니다."

"무슨 뜻인지 알겠소. 공장장한테 말해 놓을 테니 만나봐요."

대리점을 운영하면서 쌓아 온 신뢰 덕이었다. 태평양은 야자유를 직수입해서 쓰고 있었지만 배려해 주었다. 나를 믿고 허락해 준 회사에 조금이라도 손실을 끼치면 신뢰에 대한 보답이 아니었다. P가 차질 없이 공급할 수 있는지 확인하기 위해 경기 이천에 있는 생산 공장을 찾아갔다. 믿기 어려웠지만, 맡길 수밖에 없었다.

그 후 몇 개월이 지나자 태평양 공장장한테 연락이 왔다.

야자유 공급이 원활하지 않아 생산에 차질이 있다는 불평이었다.

"회장님의 지시로 바꾼 거래인데 잘 부탁합니다."

"알았습니다. 다시는 실수 없도록 하겠습니다."

P를 찾아갔다. 그는 고개를 들지 못했다.

"어렵게 도와주셨는데 아무래도 제가 감당하기엔 무리입니다."

신뢰가 하루아침에 무너지는 상황이었다.

"김 회장님이 맡아서 하셔야 할 것 같습니다."

그 사건은 내가 원료를 직수입해서 공급하는 통로로 이어졌다. 첫 시작은 야자유 오십 톤으로 출발해서 쑥비누, 오이비누가 선풍적인 인기를 끌면서 원료 양이 늘어나기 시작했다. 날이 갈수록 신용이 쌓이면서 팜유, 우지, 팜스테아린 등 비누 원료를 공급하는 전문회사 대보케미컬로 성장했다.

우유 대리점을 정리하고 대형 비누 생산업체인 D사, A사, L사 등에 연달아 공급할 수 있었다. 수입처는 필리핀, 말레이시아, 인도네시아 등이었고 우지는 호주와 미국이 주 수입처였다.

신뢰 3

사업이 안정되자 확장으로 이어졌다. 수출을 전담하는 코람인더스트리 무역회사를 강남대로에 설립했다. 외국어를 마음대로 구사하는 직원도 뽑았다. 콜럼버스가 아메리카 대륙을 발견했듯이 인구 십삼 억의 광활한 대륙에서 금맥을 찾고 싶었다. 중국과 국교가 이루어지기 전부터 머지않은 날 교류가 정상적으로 이루어질 것이라는 기대로 홍콩을 거쳐 심천으로 광주로 산업박람회를 찾아가 시장 동향을 살피기도 했다.

때마침 한중 간 국교가 정상화되면서 마음은 이미 대륙을 날고 있었다. 거대한 시장을 개척하려면 중국인의 특성을 알고 부딪쳐야 할 것 같았다. 사회주의 시장 경제는 국가가 모든 산업을 운영하고 있었다. 자유 시장 경제와는 바라보는 시각이 달라 곳곳에서 시행착오가 따랐다. 중국과 교역의 흐름을 참고하기도 하고 시장 개척에 자문을 받기 위해 베이징 주중 한국대사관으로 H대사를 찾아갔다.

당시 주중 대사관은 부지만 준비해 놓고 호텔에서 업무를 보고 있었다. 우리는 찾아온 이유를 설명하고 현재 거래

상황과 미래 적응 방안 등을 놓고 이야기를 풀어나가기 시작했다. 다음 날 저녁을 함께하자며 관저로 초대해 주었다.

관저는 고층 사십오 평 아파트 두 개를 리모델링해서 쓰고 있었다. 음식은 한국 주방장과 중국 주방장이 있어 한식과 중국식이 경쟁하듯 나왔다. 주류는 중국의 마오타이주, 스코틀랜드 산 발렌타인 등 동서양의 명주가 홈바에 모두 동원되어 있었다. 성대한 만찬에 초대해 준 대사 내외분이 고마웠다.

다음 날은 코트라 베이징 지사장을 소개받았다. 인맥을 쌓아가며 사업 영역을 넓혀 나갔다. 중국은 육해공군도 무역회사를 운영하고 있었다. 우리는 공군에서 운영하는 회사와 연결하여 거래를 트기 위해 수차례 미팅을 했다. 그즈음 한국 담당자한테서 전화가 왔다. 자기네 회사 부사장이 한국 시장 조사차 서울에 갔다면서 합정동 서교호텔에서 만나자는 연락이었다. 부사장은 현역 공군 준장이라고 소개했다. 곧바로 찾아갔다. 훤칠한 키에 서글서글한 호남형 신사였다.

저녁 식사 대접을 하기 위해 강남 대치동에 있는 한미리 한식집으로 안내했다. 당시 통역은 조선족으로 베이징 주간 신문 K기자가 담당했다. 식사를 마치고 역삼동 우리 아파트로 안내하고 전통차를 대접했다. 그는 한국 가정에 처음 방문했다면서 초청에 감동한 듯 내 나이를 물었다. 그가 두 살 아래였다. 즉석에서 형님으로 모시고 싶은데 동의하는지 물어왔다. 거절할 이유가 없었다.

그 인연으로 중고자동차 수출을 하기도 하고 군용 자동차용 페인트를 거래하기도 했다. 그는 포항제철에서 나오는 철판을 거래하고 싶어 했다. 포항제철 영업담당 상무를 만나 타진해 보았으나 거래가 이루어지지 못했다. 중국 시장에 진출하면서 생산 공장을 갖추지 못한 아쉬움이 절절했다.

국내 기업들이 중국에 많은 관심을 두고 있었으나 초창기여서 진출이 부진했다. 중국 기업은 한국 기업과 제휴하려고 애를 썼다. 그때 허베이성 장자커우 시의 페인트사와 자동차용 페인트 기술제휴 협의 건으로 J페인트사의 위임을 받아 장자커우 시를 방문한 일이 있었다. 사전에 알려 주었는지 주변 사업체 대표들이 연이틀 몰려와 한국 기업과 제휴하자고 아우성이었다.

그들은 한국의 고도성장에 고무되어 있었다. 우리는 제휴하자는 요구사항을 한국 기업과 연결하게 할 각오로 세밀히 접수했다. 시장이 주최한 만찬 자리에 시장을 비롯한 남녀 간부 직원 오십여 명이 참석했다. 식사 후 남녀 모두 자연스럽게 댄스를 즐겼다. 그들은 먹고 즐기는 문화에 익숙해 있었다. 그것이 중국의 대륙 문화라는 것을 알게 되었다.

한국일보에 소개된 성공한 조선족 사업가 최수진 회장을 만났다. 그는 마흔넷 젊은 나이에 싱가폴에 본사를, 중국에는 베이징, 상하이, 다롄에 지사를 두고 있었고, 북한과 물물거래를 하고 있었다. 북한에 옥수수를 보내고 광물로 대금을 받았다.

그의 안내로 다롄 항에 가 보니 부두에 산더미같이 쌓인 옥수수가 출항을 기다리고 있었다. 그뿐 아니라 베이징 시내에 요식업도 병행했는데 베이징호텔에 지사가 있고 부근에 그가 운영하는 식당이 있었다. 그들 부부를 그곳에서 처음 대면했다. 부인은 순복음교회 교인이었고 한국의 J목사도 잘 알고 있었다.

저녁에는 술자리에 안내했다. 찾아간 노래방은 마치

극장에 온 것으로 착각할 만큼 큰 규모였다. 도우미 아가씨가 수를 셀 수 없이 많았다. 그가 운영하는 노래방이었다. 회장이 온다는 소식을 듣고 한복을 곱게 차려입은 도우미가 모두 나와 일렬로 서서 인사를 했다. 마치 군무를 추는 학 같았다. 도우미는 헤이룽장성에서 뽑아 온 이십 세 미만의 아가씨들이었다.

회장이 쓰는 특별실로 안내했다. 그곳에는 이미 낯선 사람 두 명이 와 있었다. 럭키금성 베이징 지사장과 과장이었다. 잠시 후 국방색 옷을 입은 청년 다섯 명이 들어왔다. 예감이 섬뜩했다. 북한 대사관 직원들이라고 최 회장이 소개했다. 우리는 통성명만 했는데도 긴장되었다. 술잔이 오가고 취기가 돌자 누가 먼저라 할 것 없이 노래를 부르기 시작했다.

그들은 한결같이 남한 노래를 부르기 시작했다. '갑돌이와 갑순이', '소양강 처녀', '두만강', '목포의 눈물' 등 흘러간 노래를 끝없이 불렀다. 우리는 함께 어우러져 얼싸안고 덩실덩실 춤을 추었다. 최수진 회장이 모두를 껴안으며 외쳤다.

"이게 바로 통일이야요."

우리는 통일을 염원하는 마음으로 목이 터져라 노래를 불렀다. 사업을 떠나 남북이 하나 되는 자리에 함께한 것이 가슴 벅찼다. 통일은 이렇게 오는 것이구나 하는 생각을 떨칠 수 없었다.

나는 언제나 왜 이 자리에 서 있을까 하는 의문을 풀기 위해 앞만 보고 달려왔다. 그것이 살아온 길이었다. 잘나가던 사업도 1998년도 IMF 찬바람이 불어오면서 접어야 했다. 서울 생활 삼십칠 년의 드라마 같은 과정을 겪으면서 큰 어려움 없이 사업을 확장할 수 있었던 것은 오직 신뢰 그것 하나뿐이었다.

상상이 현실로

이십 년 전 IMF 한파가 불어오면서 경영하던 회사를 정리하고 쉬고 있을 때였다. 가슴이 답답했다. 시간을 보내기 위해 취미를 찾아 나날을 보냈지만, 생산적인 일을 하지 못하고 시간만 낭비하고 있다는 생각이 떠나지 않았다.

청소년기 직업을 찾아 방황하던 그 시절이 자꾸 떠올라 하루하루가 가시방석이었다. 그러나 새 직업을 찾는 것은 만만치 않았다.

그즈음 분당 신도시에 아내가 세 들어 운영하던 독서실 건물이 있었다. 2년마다 재계약 기간이 끝나면 전세보증금 반환을 요청해도 건물주만 매년 바뀌고 답이 없었다. 그대로 두면 보증금만 날아갈 것 같아 세 들어 있는 독서실 건물을 경매로 낙찰받았다.

건물을 효율성 있게 활용하기 위해 시장 조사를 한 후 소형 사무실 임대업을 하기로 했다. 작게는 2인실부터 크게는 10인실까지 사십여 개 사무실을 만들었다. 집기, 비품, 개별 전화 설치, 상담실 겸 회의실을 소형, 중형으로 갖춰 놓고 공동 여비서까지 두었다.

대상자는 다양했다. 대학 졸업하고 취업을 못해 창업하는 사람, 직장에 근무하다 자유업을 하고 싶은 사람, 자기 전공을 독자적으로 운영하고 싶은 사람들이었다. 대부분 소자본으로 의욕을 갖고 출발했으나 경험이 없어 일 년을 못 견디고 폐업하는 사람들이 많았다.

운영을 잘하는 사람보다 어려움을 겪고 있는 사업자에게 관심이 갔다. 사업하면서 어려움에 부딪칠 적마다 고민하던 젊은 시절로 되돌아간 것 같아 방관할 수 없었다. 그들의 절박한 마음을 잡아 주는 끈이 되어 주고 싶었다.

그러나 다양한 업종을 자문한다는 것이 쉬운 일은 아니었다. 분야별 전문 지식이 필요했다. 방법을 찾아 나서는 것이 내가 해야 할 일이었다. 회사를 운영할 때 고비마다 교육받고 자문받았던 한국능률협회를 찾아갔다.

한국능률협회는 1962년에 재경부 인가 35호로 설립된 사단법인이다. 우리나라 격동기 오십여 년 동안 국내외 대부분의 기업체를 일류기업을 목표로 경영자 교육을 실현한 기업교육 전문업체다.

먼저 그곳에 있는 사회교육센터를 찾아가 창업 컨설팅 지도사 수업을 삼 개월 받고 협회장이 발행한 자격증을 받았다.

때마침 능률협회가 경영구조를 개편하면서 부서 내 사회교육센터를 사회교육원으로 독립하여 자회사로 격상해서 운영해야 한다는 정보를 듣게 되었다.

지난날 회사를 운영하면서 교육을 받을 때마다 언젠가 사회교육사업을 해야겠다는 생각을 하곤 했었다. 청소년 시절 소외된 약자로 발붙일 곳 없어 방황할 때, 빈손으로 자립할 수 있도록 비빌 언덕이 되어 준 사회에 뭔가 역할을 하고 싶었다.

가장 확실한 방법이 사회교육사업이었다. 사회가 급성장하는 과정에서 인성이 하루가 다르게 메말라 가고 이기주의가 사회질서를 파괴하는 현실을 보고만 있을 수 없었다. 교육은 좋은 인성 위에서 이루어져야 한다는 생각을 사회교육을 통해 실천하고 싶었다.

뜻밖의 기회가 왔는데 마냥 기다릴 순 없었다. 잡으려면 부딪치는 수밖에 방법이 없었다. 다시 없는 기회를 잡기 위한 도전이 시작되었다. 한편 불가능한 일에 집착하는 것은 아닌가 싶은 잡념이 앞을 가로막기도 했다.

그러나 불가능을 가능으로 변화시키지 않으면 뜻을 이룰 수 없었다. 능률협회 임원진을 수차례 만나면서 확고한 의지를 보여 주었다. 주주로 참여하겠다는 뜻을 전하고 사업계획서를 제출했다. 이어 수없는 기도가 이어졌다. 지성이면 고목에도 꽃이 핀다고 했듯 오랜 꿈이 현실로 다가왔다.

2002년 7월 1일자로 한국능률협회에서 사회교육원을 자회사로 독립 분사하기에 이르렀다. 사회교육센터 조직을 그대로 인계받아 주주로 법인 등기를 마치고 경영에 참여하게 되었다.

사회교육원은 서울 용산구 한강로에 있는 세계일보사 부속건물을 임대해서 출발했다. 사회와 약속을 다짐하는 개원식에 친지 외에 사업과 관계되는 저명인사를 초청해 창립 취지를 발표하고 첫걸음을 시작했다.

급변하는 시대 상황에 따라 사회교육 분야 영역이 날로 증가함에 따라 세부적인 교육이 필요했다. 미개척 분야의 교육프로그램을 개발하고 새로운 직업을 만드는 데 주력했다. 직업을 찾는 모든 사람에게 다양한 일자리를 만들어 줌으로써 사회복지에 작은 힘이라도 보태고자 했다.

분야별 실력을 갖춘 최고 전문 강사를 모집해서 인성교육지도사, 창업컨설팅지도사, 기업가치평가사, M&A 지도사 등 이십여 업종의 프로그램을 개발하여 교육 수료 후 한국능률협회장 명의로 민간 자격증을 주고 일선에서 활동하게 했다.

한편, 국가 경제는 날로 성장하고 있는데 국민 대다수는 경제에 대한 기본 상식이 변화에 따르지 못하고 있다는 생각을 지울 수 없었다. 한국경제신문사가 창안한 TESAT 경제이해력 검정시험을 제휴하여 사회교육원이 교육을 책임지고 경제학 전공자를 모집해서 강사 양성 교육을 했다.

직장인이나 대학 졸업 예정자에게 경제 이론의 기본 실력을 갖추게 함으로써 교육 당국이나 기업이 감당해야 할 과정을 사회교육원이 대행하기도 했다. 또한, 어려움을 겪고 있는 분당 소호사무실 사업자 중에는 고비를 넘길 수 있도록 일정 기간 편의를 제공해 주기도 하고 사안에 따라 필요한 조언을 해 주었다.

나는 현재 사회교육원 임원을 사임하고 능률협회와 사회교육원이 통합된 한국능률협회 고문으로 재임하면서 건강한 사회를 이루는 데 도움이 되려고 노력하고 있다.

반장 아빠

안성에서 서울 강남으로 이사 온 첫해, 아이들이 개학하고 며칠 후였다. 초등학교에서 돌아온 큰아들이 책가방을 내던졌다. 화가 단단히 난 듯했다.

"착한 우리 아들이 왜 화가 났을까?"

아내가 근심스러운 얼굴로 물었다.

"나 오늘 반장 안 됐어."

볼멘소리였다.

"그건 당연해. 안성에서 전학 온 지 석 달도 안 됐는데 누가 너를 알겠어?"

"2학년 때 공부 잘해서 네가 반장감인 걸 보여 주면 3학년부터는 할 수 있어."

아들은 안성에서 반장했던 것을 알아주지 않아 섭섭했던 모양이었다. 그 일이 있은 지 며칠 후, 아내는 5학년 딸과 연년생인 2학년, 1학년 아들 둘을 데리고 선릉으로 봄 소풍을 다녀왔다. 그런데 저녁을 먹으면서 한숨을 쉬었다.

"어쩌다 서울로 이사 와 엄마 노릇도 못하고 있네요."

"왜, 무슨 일이 있었소?"

"오늘 소풍 갔는데 선생님께 인사도 못하고 오히려 만날까 봐 피해 다니다 왔어요."

우리는 서울로 올라와 우유 대리점 사업을 시작하던 중이어서 아이들에게 관심을 둘 여유가 없었다. 그러나 공부는 시기가 있는데 아이들의 소중한 시기를 놓치고 있는 것 같아 안타까웠다.

전학 온 지 몇 달 지난 어느 날, 저녁 식사를 하는데 딸이 싱글벙글하며 말을 꺼냈다.

"아빠, 오늘 담임 선생님한테 칭찬받았어요."

"응, 그래? 무엇 때문에?"

"선생님께서 저에게 '먼저 학교에서 공부도 잘했고 반장도 했는데 왜 자신감이 없을까' 하셨어요."

"그래?"

딸의 다음 말이 궁금했다.

“선생님은 영한이를 좋아하는데 얼굴도 예쁘고 공부도 잘하니까 자신감 가지고 열심히 해야지. 선생님하고 약속할 수 있지, 하시며 머리를 쓰다듬고 두 손을 꼭 잡아 주셨어요.”

이렇게 고마울 수가…. 서울로 올라와 쌓였던 온갖 시름이 다 가시는 듯했다.

“우리가 아이들 교육 때문에 서울에 왔는데 대책 없이 이대로는 안 되겠어요. 내일 당장 학교에 가서 담임 선생님들을 만나봅시다.”

다음 날 오후 수업시간이 끝날 무렵 선생님을 찾아갔다. 딸의 담임은 젊은 여선생님이었다. 선생님은 우리를 반갑게 맞아 주었다.

“안성에서 성적도 좋았고 반장까지 한 학생인데 자신감을 잃은 채 방황하는 것이 눈에 밟혔어요.”

선생님은 가정환경을 이것저것 물으셨다. 우리는 선생님이 이해할 수 있도록 여러 가지 이야기를 했다.

화장품 대리점을 한 일, 할아버지와 할머니를 모시고 살았던 일, 내가 그전 학교에서 운영위원회 회장을 맡았던 일 등을 말씀드렸다. 서울로 올라와 우유 대리점을 하면서 생활이 안정되지 않은 것도 말씀드렸다. 선생님은 딸을 지도하는 데 큰 도움을 주었다면서 만족해했다.

다음 날은 큰아들 담임 선생님을 만나러 갔다. 선생님이 뜻밖에 우리를 알아보고 반색했다. 그분의 전임지가 안성초등학교였던 것이다. 넓고 복잡한 서울에서 이런 만남이…. 딸이 안성초등학교에서 여학생 중에 유일하게 4학년까지 반장을 했던 일과 큰아들이 1학년 반장을 했던 것을 알고 있었다.

그분은 올봄에 전근 왔다고 했다. 우리는 아이들 교육 때문에 올라온 이야기와 며칠 전 큰아들이 2학년 반장선거에 나갔는데 한 표도 나오지 않아 투정을 부린 이야기를 했다.

다음 날은 막내아들 담임 선생님을 찾아갔다. 막내는 이곳에서 입학했다. 우리는 아이 특성을 진솔하게 상담했다. 학교에서는 아버지까지 자녀 교육에 관심을 두는 것에 반색을 했다.

그 후 아이들의 그늘진 얼굴에 화색이 돌고 다음 학년부터 반장을 하기 시작했다. 중학교를 거쳐 고등학교 졸업

때까지 학년마다 이어졌다. 나도 반장 아버지다 보니 학교운영위원은 자동으로 따라다녔다.

일과가 끝나고 집에 돌아올 때면 아파트 현관문에 러브레터가 주렁주렁 달려 있었다. 남녀 공학에 다니는 아들에게 여학생들이 보내 온 우정의 편지였다. 다행히 아들은 그런 일에는 관심을 두지 않았다.

큰아들 고등학교 졸업식 날이었다. 우리 내외는 졸업식을 보러 갔다. 졸업식장은 운동장이었다. 아이들의 졸업을 아쉬워하는 듯 눈발이 날리고 있었다. 식순에 따라 운영위원장의 축사가 있었고 교장 선생님의 훈화 차례였다.

교장 선생님이 단상에 올라 훈화를 시작하자 난데없이 교장 선생님의 얼굴과 바바리코트에 달걀 세례가 쏟아졌다. 삽시간에 일어난 난동이라 졸업식을 반별로 교실에서 하라는 안내 방송이 있고 난 후에야 수습이 되었다. 졸업생과 학부모들이 각 교실로 우르르 몰려갔다.

우리는 정신없이 아들 교실을 찾아 복도로 걸어갔다. 가는 도중에 교실마다 담임 선생님에게 달걀 세례를 퍼붓고 있었다. 그야말로 졸업식장이 난장판이었다. 예전에도 남자 고등학교에서는 졸업생에게 밀가루를 쏟고 교복을

찢기도 했는데, 교장 선생님과 담임 선생님을 향해 달걀을 던지는 행동은 좀체 이해하기 어려웠다.

우리 아들 교실에서도 같은 일이 벌어지면 어떻게 수습할 것인가 고민하면서 찾아갔다. 그런데 뜻밖의 광경에 눈을 의심했다. 반장인 아들이 담임 선생님을 앞에 모시고 친구들과 '스승의 은혜'를 합창하고 있었다. 이어 사은품을 드리는 순서도 있었다.

부모들의 입에서 감탄사가 절로 나왔다. 이래야 하는데 이 반만 졸업식다운 졸업식을 한다며 이구동성으로 말했다. 나는 아들의 모습을 조용히 지켜보면서 뿌린 대로 거둔다는 생각이 떠올랐다.

학교 졸업 후 사회인이 되면서 딸은 모교 강단에서 후학을 지도하는 교수로, 큰아들은 스페인 IE 비즈니스 스쿨에서 MBA 과정을 마치고 중견 직원으로 근무하면서 모교인 개포고등학교 총동문회장을 수년 간 맡고 있다. 막내는 대학 졸업 후 영국에서 MBA 과정을 마치고 런던에 있는 S전자 유럽 본부에 근무하고 있다.

안성에서 자녀 교육에 뜻을 두고 서울로 올라왔으나 생활 기반이 안정되지 않아 가시밭길을 걷기도 했다. 그러나 아이들이 학교에 잘 적응해 세 아이 친구들 부모와도 끈끈한 인연이 이어지고 있다.

자녀를 바르게 키우기 위한 부모들의 만남은 그 무엇과도 바꿀 수 없는 소중한 만남이다. 함께 쌓아 온 지난날들이 있기에 미래는 더욱 풍성히 펼쳐질 것이다.

영원회 탄생

큰아들이 고등학교 2학년 때였다. 아내가 학급 엄마 임원 모임에 다녀올 때면 만나는 사람들이 좋다는 말을 자주 했다. 1학기가 지나면서 여자들만 만나기가 아쉽다며 부부가 같이 만나는 것이 어떻겠냐고 물었다. 자녀 교육에 관심 많은 부모들이라면 의미 있는 모임이 될 것 같았다. 그 후 네 부모가 먼저 만나기로 했다고 알려 주었다.

처음 만나는 장소는 강남 역삼동에 있는 중국식당이었다. 무슨 대화가 오갈까, 어떤 사람들일까 궁금했다. 아버지들과 인사를 나눠 보니 하기주 사장은 마산, 최상남 사장은 강릉, 민태정 원장은 밀양, 나는 안성이 고향이었다. 출신지가 다르고 성장 과정이 다르지만, 나이가 비슷하고 같은 학급 부모라는 공감대로 대화가 잘 통했다. 자주 만나면서 아이들보다 부모들이 더 가까워졌다. 우리 모임 이름도 오래오래 지속하자는 뜻으로 '영원회'로 지었다. 그 만남이 삼십 년 넘도록 이어지고 있다.

처음엔 아이들 진학 문제가 관심사였는데 아이들이 대학 졸업 후 군에서 제대하고 사회인이 되면서 자연히 혼인 문제가 관심사가 되었다. 혼기가 늦어지는 아이들을 걱정하는 것은 부모뿐 아니라 다른 사람들도 마찬가지였다. 어느새 우리는 네 아이의 공동부모가 되어 있었다.

하 사장이 코오롱그룹 대표이사로 있을 때 일이다. 최 사장이 딸의 혼사를 걱정하자 그룹에서 출신학교, 근무평점, 가정환경, 성품, 부서장의 추천까지 받은 일등 신랑감을 찾아내 중매를 섰다. 중매쟁이가 든든하니 양가도 믿고 혼인을 성사시켰다. 예상이 적중했다. 그 신랑 신부가 딸을 낳아 미국 아이비리그 대학생이 되었다.

어느 해 초겨울이었다. 하 사장이 코오롱그룹 컨트리클럽 대표도 겸직하고 있을 때였다. 주말에 우리 부부들을 그곳으로 초대했다. 아침 여덟 시 티업 시간에 맞춰 서울에서 천안 독립기념관 옆에 있는 '우정힐스'로 달려갔다.

서리까지 내린 새벽 아침은 제법 쌀쌀했다.

라커룸에서 하 사장을 만났다. 두툼한 마스크를 쓰고 나타나 부자연스러웠지만, 추워서 그랬거니 했다. 그런데 식탁에 둘러앉아 마스크를 벗는 순간, 모두 깜짝 놀랐다. 밤새 안면 신경마비로 구안와사가 와서 얼굴을 가리고 있었던 것이다. 그런데도 약속을 지키려고 내려온 것이었다. 우리는 운동을 취소하고 다음 기회로 미루자고 권했지만, 소중한 시간을 낭비할 수 없다며 듣지 않았다. 하 사장은 신의를 중시하는 신사로, 연장자로 삼십 년을 한결같은 마음으로 우리를 보살펴 주고 있다.

민태정 국립지리원 원장은 건설부에 재직하면서 지질 전문가로 국가 산업 성장에 많은 공헌을 했다. 정년 후에는 대학 강단에서 후학을 지도하고 현직에 있을 때나 다름없이 연구 생활로 공적을 쌓아가고 있다.

부인은 중견 서양화가로 명인미술대전에서 특선하는 등 다양한 수상 경력을 갖고 있다. 지난 삼월 말 인사동 라메르 화랑 1층 전시실에서 개인전이 있었다. 우리는 작품을 감상하고 옛 추억이 서려 있는 낙동강 소금구이집에서 화폭에 담긴 이야기를 듣기도 했다.

신화건설 최 사장은 주 거래처인 중동지역 플랜트 수주 일로 자주 출장을 다녔다. 어느 해 양력설 연휴 때 여행을 가자고 했다. 다 함께 가려고 했으나 우리 부부만 시간을 낼 수 있었다. 우리는 필리핀 마닐라 근교에 숙소를 정했다.

그의 안내에 따라 더위를 피해 새벽부터 필드에 나가 라운딩을 끝내고 숙소로 돌아왔다. 오후 한 시가 훌쩍 넘은 시간이어서 몹시 배가 고팠다. 냉장고를 열었더니 신선한 과일이 기다리고 있었다. 난생처음 보는 과일이 있어 호기심에 먼저 먹었다. 망고였다. 그때의 감미로운 맛과 최 사장 부부의 정성어린 보살핌은 지금까지도 잊히지 않는다.

나는 최 사장의 추천으로 서울 3650지구 인현로타리클럽에 입회했다. 그는 11대 회장으로, 나는 14대 회장으로 함께 봉사 활동을 하기도 했다. 그는 회장 재임시 유능한 회원을 발굴하는 데 많은 공헌을 했고 다각적인 봉사 활동을 실천하는 데 앞장섰다.

나는 회장 재임 기간 지역 클럽으로는 처음으로 국제로타리클럽 본부에 로타리안이 추구해야 할 목표로 '아름다운 세상 밝은 사회 우리의 힘으로!'란 슬로건을 제안했다.

로타리 100년 역사 동안 물질 봉사로 일관했다면, 1세기가 지난 이즈음 인류 정화운동으로 인간 질서 회복 운동을 로타리가 앞장서서 펼치자는 것이었다.

그 대안의 일환으로 한국인 최초로 미국 백악관 장애인 정책담당 차관보로 재직 중인 강영우 박사를 초청했다. 그도 워싱턴에서 로타리 활동을 하고 있었다. 그는 인현로타리클럽 슬로건 제안을 적극적으로 찬성하고 국제본부에 건의하는 것을 돕기로 했다. 그즈음 나는 수출입을 하는 중소기업을 운영하고 있었다.

국가 장래는 기업이 번성해야 경제가 살아나고 젊은이들 일자리가 늘어난다는 일념으로 기업교육에 매달렸다. 지금도 한국능률협회 고문으로 그 신념을 이어가고 있다.

우리는 사십 대 중반에 학부모로 만나 오랜 시간 교류하면서 서로를 배려하며 지내왔다. 애경사가 있으면 만사 제치고 찾아가 기쁨과 슬픔을 함께 나누고 때로는 학부모로, 친구로, 나라를 사랑하는 지성으로 우정을 쌓아 왔다.

우리는 자녀들이 인재로 성장해서 밝은 미래를 이끌어 가는 지도자로 거듭나기를 영원히 바랄 뿐이다.

4 _ 지금 내 곁에 있는 사람들

땡잡은 날

일본 나들이

부모님 대신 키운 동생

할아버지 어렸을 적엔

다시 만날 수 있다면

한 해를 마무리하며

러시아를 다녀와서

말의 힘

나의 주방 경력

지금 내 곁에 있는 사람들

땡잡은 날

미금역에서 선릉역으로 가기 위해 지하철을 탔다.

앉을 자리가 없어 서 있는데 오십 대 후반쯤 된 낯선 여인이 말을 걸어왔다.

"미금역에서 몇 번 뵈었는데, 오늘 콤비 멋있어 보이네요."

"그래요? 고맙습니다."

이삼십 년 전에는 가끔 듣던 말이지만, 지금 새삼스럽게….

뜬금없는 칭찬에 어정쩡하게 대답하고 서 있는데, 그녀가 한 발짝 다가서며 물었다.

"어디서 사셨어요? 얼마 주셨어요?"

"이동수 패션에서 90% 땡처리로 싸게 샀습니다."

그녀는 더 궁금한지 꼬치꼬치 물었다.

"그래서 얼마에 사셨는데요?"

"사십만 원 정가인데 사만 원에 샀어요."

"지금도 살 수 있나요?"

"일 년에 한 번 세일할 때 아니면 안 된다고 하던데요."

"남편이 회갑이라 사 주고 싶었는데…."

나는 그 말에 맥이 빠졌다.

그녀는 고개를 갸웃거리며 혼잣말처럼 말했다.

"젊은 분이 입어서 그런가?"

"나요? 7학년 8반인데요."

"네~에?"

옷만 땡잡은 줄 알았는데….

옷값에 나이까지 덤으로 땡잡았으니 오늘 일진도 땡잡은 것이었나.

일본 나들이

삼월 중순 어느 날 저녁상을 앞에 놓고 딸이 말을 걸어왔다.

"아버지 엄마, 사월 초에 홋카이도 온천여행 다녀오시는 것이 어때요. 여행사에 부탁해 놓았어요."

"갑자기 웬 여행? 가족이 함께 페낭 여행 다녀온 지 얼마나 되었다고…. 그때도 엄마 기억 있을 때 한 군데라도 더 보라고 성화더니."

"이번 여행은 엄마를 위해서 이모와 외삼촌도 부부 동반해서 함께 다녀오시는 것이 좋을 듯해서 저희가 준비했어요."

"여러 명이면 비용이 적지 않을 덴데…."

"얼마 전부터 사촌들하고 매월 조금씩 적립해서 준비했어요."

"고맙구나! 그런 생각을 했다니…."

아내는 은진 송씨로 위로 언니 둘과 오빠와 여동생 사이에 넷째다. 위로 언니들은 나이가 많고 오빠는 다섯 살 위고 밑으로 동생은 네 살 아래다. 아내가 다섯 살 되던 해 아버지는 돌아가시고 편모슬하에서 자랐다. 결혼 후 오십 년, 그들은 말씨름 한 번 없었고 네 것 내 것이 없을 만큼 형제의 정이 두텁다. 옆에서 바라보는 내 마음도 항상 감동된다.

오빠와 동생 삼 남매가 약속이라도 한 듯 아들 둘에 딸 하나씩을 두었다. 우리 아이들과 조카들은 또래여서 저희끼리 잘 어울린다. 그 아이들이 초등학교 때 일이다. 외가댁 마을 앞 개천에서 물장구치던 아이들이 집에 와서 닮고 싶은 운동 선수 이름을 부르느라 아우성이었다.

처남의 큰아들이 "나는 농구선수 이충이로 할 거야" 했다. 그때 누군가 "잠깐!" 하고 소리쳤다. "그럼 송충이란 말이지…. " 모두 웃음보가 터질 만큼 웃었다. 그 후 조카의 별명은 오십 살이 다 되도록 송충이다.

새벽 네 시 반부터 봉고차가 수지에서 처남을 태우고 죽전에서 우리를 태우고 분당 정자동에서 처제 내외를 태워 인천공항으로 출발했다. 인천대교를 지나면서 동이 트기 시작했다. 아내는 형제들과 함께하는 여행이 마냥 즐거운지 노래까지 부르며 싱글벙글 환한 얼굴이었다.

공항에 도착하니 일곱 시가 조금 지나고 있었다. 사월이 시작되는 첫 주인데도 제법 쌀쌀했다. 출국장에는 어디로 가는 사람들인지 장사진을 이루고 있었다.

우리도 삿포로 행 열 시 십 분 출발 티켓을 들고 줄을 서서 탑승 절차를 밟고 있었다. 아내 차례가 왔다. 짐을 꾸릴 때만 해도 여행 가방에 넣었던 화장품 병이 어느새 아내 손가방에 들어 있어 문제가 발생했다. 다시 짐을 챙기느라 탑승 시간을 맞추는 데 진땀을 뺐다.

아내의 해프닝을 생각하니 비행 시간 내내 아무 탈 없이 잘 다녀올 수 있을지 긴장되었다. 두 시간 삼십여 분이 지나자 삿포로 공항에 도착했다. 추울 것으로 예상했는데 그곳은 서울보다 포근했다.

우리 일행은 서른여섯 명이었다. 전용버스로 한 시간쯤 북쪽으로 갔을까? 도로 양쪽 나무에는 눈꽃이 소복하게 피어 있고 길가에는 눈이 일 미터 높이로 떡시루처럼 차곡차곡 쌓여 있었다.

약 한 시간쯤 달려갔을까. 사만여 년 전에 화산 분출로 형성된 거대한 칼데라 호수가 있고, 호수 멀리 북쪽 화산에서 유황을 뿜어대고 있었다. 마치 현실이 아닌 꿈 같은 환상에 젖어 있는 듯했다. 홋카이도의 청명한 하늘과 맑은 공기. 별천지에 온 것이 분명했다. 아내는 휴식을 취하면서 천진하게 웃고 있었다. 아내의 기억도 신선한 공기처럼 밝고 맑게 피어오르고 있는 것 같았다.

우리는 해가 기울 때쯤 미도리노카제 호텔에 여장을 풀었다. 일본 최대 규모의 온천호텔로 이십여 개의 노천탕이 있어 자유롭게 이용할 수 있었다. 유황온천은 근육통, 신경통, 관절통, 타박상 등에 좋고 피부 미용에도 뛰어난 효능이 있다고 한다. 그래서인지 목욕 후 수건으로 닦지 않아도 물기가 몸으로 스며들어 피부가 매끄러웠다. 아내 얼굴도 홍조를 띠며 젊은 시절로 돌아간 것 같았다.

저녁 식사 후 다시 돌아오지 못할 이 순간을 위하여 맥주파티가 열렸다. 함께 지나온 실화를 엮어 나가기 시작했다. 어린 시절 아버지 없이 혼자 되신 어머니의 손길로 곱게 자란 오누이였다.

여동생들 진학을 위해 대학을 포기한 처남의 이야기에 이어 오빠는 기타 치고 동생들은 노래 부르며 산으로 들로 원두막으로 다니던 이야기가 화제에 올랐다. 어린 시절부터 오누이의 유별난 정을 한 눈에 보는 듯했다. 결혼 후 서울로 이사 와 처제와 이웃에 살면서 서로 보살피며 살아왔다. 특히 아내를 생각하는 오누이들의 마음 씀씀이에 고마움을 나는 그제야 털어놓았다.

과수 농사로, 교회 봉사로 바쁜 오빠 내외는 사철 과일과 반찬을 보내 주고, 분당에 사는 동생은 언니의 건강을 수시로 점검하며 함께 식사하기도 하고, 언니의 손길이 필요한 부분을 어떻게 아는지 수족처럼 보살펴 주고 있다.

다음 날 새벽에 일어나 노천탕에 갔다. 전날 목욕한 남탕으로 갔는데 여탕으로 변해 있었다. 황당한 일이었다. 남탕, 여탕이 조석으로 바뀐다는 가이드의 설명을 듣고도 멍하니 잊고 있었다.

거대한 우수산의 품에 자리한, 호수라고 하기엔 큰 규모를 자랑하는 수정처럼 맑은 도야 호수에서 유람선을 타고 자연을 호흡했다. 아내는 갈매기에게 새우깡을 던져 주면서 곡예하듯 낚아채는 갈매기를 보는 재미에 빠져 시간 가는 줄 모르고 형제들과 즐겼다.

노브리 벳츠 지옥 계곡으로 갔다. 지옥을 상상하면 그곳 같을 거라고 이름 지어진 지옥 계곡은 화산지대에서 밤낮을 가리지 않고 뿜어 나오는 분화구다.

네 종류의 온천수, 서른한 개의 노천탕이 있는 노보리 벳츠 호텔로 옮겨 여장을 풀었다. 유황 온천욕을 하고 저녁 식사를 하러 가니 홋카이도 3대 명물인 대게, 털게, 킹크랩 등이 식탁에 쌓여 있었다. 우리는 누가 먼저라 할 것도 없이 세숫대야만 한 양푼에 담아온 게를 말 그대로 게 눈 감추듯 먹어치웠다. 평생 먹은 게를 합쳐도 그 분량에 못 미칠 것 같았다.

떠나기 전날은 삿포로 시내로 왔다. 로이톤 삿포로 호텔에서 하룻밤을 보내고 마무리 관광 코스인 삿포로 맥주공장을 견학했다. 일본에서 유명한 맥주를 꼽자면 삿포로 맥주, 기린 맥주, 오리온 맥주, 아사이 맥주 등이 있다. 시음장으로 갔다. 아내는 그곳에서 시음용으로 맥주 반 컵을 마시고는 그 톡 쏘는 맛에 금세 취해 있었다.

이어서 쇼핑센터에 갔다. 다양한 물품들이 주인을 기다

리고 있었다. 아내에게 마음에 드는 옷을 권해도 고르지 못하고 망설였다. 옷은 백화점에 가야 마음에 맞는 옷을 고를 수 있다고 고개를 저었다. 가이드에게 백화점으로 안내해 달라고 했다. 백화점에 가서도 똑같은 말만 되풀이 했다.

수년 전부터 일본에 출장 갔다 올 때면 사다 준 옷을 지금도 즐겨 입고 있는데, 그것을 잊어버린 것일까? 마음이 착잡했다.

좌우를 살피지 못하고 달려온 반세기, 온갖 시련 속에서도 불평 없이 웃음을 잃지 않고 살아온 사람인데 어쩌다 옷 한 벌 사줄 수 없다니….

부모님 대신 키운 동생

아버지는 전쟁 후 마을에 정미소를 지으셨다. 그러나 국회의원 선거운동에 참여하신 것이 아버지의 발목을 잡았다. 지지자가 아닌 사람이 당선되면서 설비, 전기, 도정허가까지 내지 못하고 오륙 년 공회전하면서 가세가 기울었다. 아버지는 끝내 지병을 얻으셨다.

천석꾼의 막내로 어려움 모르고 아코디언을 다루며 풍류를 즐겼던 아버지에게 사업 실패는 큰 충격이었다. 우리는 성장기에 진학을 포기할 수밖에 없었고, 그 짐을 형이 아닌 내가 질 수밖에 없었다. 그 세월이 십여 년, 암흑 같은 시기였다.

불행 중 다행으로 내가 사업을 하게 되어 가족의 생계를 이어갈 수 있었고, 해마다 불어나는 빚도 갚을 수 있었다. 한편 형제들이 학업 시기를 놓친 것이 가문의 앞날을 어둡게 했다. 기울어진 가문을 일으키는 일이 내가 풀어야 할 숙제였다.

형은 가세가 기울자 실의에 빠져 방황하기 시작했다. 결혼도 늦게 했다. 부모님의 얼마 남지 않은 농토와 집을 몽땅 팔아 사업한다고 서울에 가서 탕진하고 돌아와 부모님과 형제들에게 고통만 안겨 주었다. 형은 내가 여주 시내 시장에 채소 상점을 열어 준 이후에야 자리를 잡고 안정을 찾게 되었다.

형제 중 개구쟁이 막냇동생 하나만이라도 잘 가르쳐야 집안의 가통을 이어갈 수 있을 것 같았다. 가문을 세우기 위한 설계가 필요했다. 열다섯 살 아래인 동생은 초등학교 6학년이었다. 그때부터 내 손길이 가기 시작했다. 초등학교를 졸업하자 소재지에 있는 공도중학교에 입학시켰다.

막냇동생이 중학교 졸업을 하자 부모님과 함께 안성 시내로 나와 가족이 함께 셋방살이하면서 안법고등학교에 입학하게 했다. 입학하자 대학을 갈 수 있을지 걱정이었다. 불행하게도 실력이 모자란다는 것이었다. 실망스러웠지만 작심하고 이때부터 국 · 영 · 수부터 과외를 시작했다. 시골 중학교에서 읍내 고등학교로 와서인지 주눅이 들어 자신감도 없었다.

먼저 자신감을 심어 주기 위해 체력 단련부터 시켜야겠다는 생각이 들었다. 태권도장에 등록하고 사범에게 특별히 부탁까지 했다. 그때부터 대학 입시 준비가 시작되었고 실력을 키워 나가는 데 매달렸다. 학년이 올라가면서 대학에 갈 수 있는 수준으로 변해 갔다. 고3이 되면서 대학 진학 문제로 담임 선생님과 상담을 했다.

서울에 있는 대학은 갈 수 없다면서 지방 대학 몇 군데를 추천해 주었다. 그중에 점수에 맞추어 수의과 대학을 지원했다. 그러나 입시 시기가 다가오면서 희망하는 대학에서 수의과 학생 수 미달로 신입생을 뽑지 않는다는 소식이 왔다. 다른 곳에 지원할 만한 곳을 찾아보았으나 갈 만한 곳이 없어 난감했다.

동생은 그동안 배운 태권도 초단 자격을 갖고 있었다. 그 자격으로 고려대 체육과에 응시했으면 했다. 생각할 겨를도 없이 합격이 안 되면 재수한다는 각오로 지원을 하게 했다. 다행히 합격하였고, 고등학교에서는 입학 장학금도 주었다. 그때의 기쁨을 교직원에게 잔치로 화답했다. 대학 재학 중에 ROTC를 지원해서 훈련받고 소위로 임관했다. 배치된 부대는 공수특전단이었다.

어느 해 장마철 오후였다. 공수특전단 복장으로 완전무장한 동생이 집으로 찾아왔다. 부산에서 서울까지 밤낮을 가리지 않고 산속으로 걸어오는 천리 행군이었다. 식사도 산속에서 스스로 해결해야 하고 잠도 그곳에서 해결했다. 닥치는 대로 산에서 열매도 따 먹고 뱀도 잡아 구워 먹기도 하면서 민간인을 피해 산속으로 걸어왔다고 했다. 천리 행군은 공수특전단 장교가 거쳐야 할 과정이었다.

그때 우리는 안성에 살고 있었다. 지체할 여유도 없이 허기를 달래는 것이 급선무였다. 보신탕집으로 갔다. 놀랍게도 5인분을 눈 깜짝할 사이에 먹어치웠다. 어리게만 보았던 동생이 늠름한 장교로 눈앞에 나타나니 대견스러웠다.

대학 졸업하는 날이었다. 동생이 졸업식에 형이 꼭 와야 한다고 몇 차례 다짐했다. 공교롭게 지방선거가 있는 날이어서 참석이 어려울 수 있다고 말해 주었다. 그러나 또 다시 다짐하고 서울로 올라갔다.

졸업식에 다녀온 부모님이 노발대발하셨다. 형이 오지 않았다는 이유로 함께 식사도 안 하고 울며불며 부모님은 본 척도 안 했다는 것이다. 내가 못 가는 사정을 미리 알려 주었는데도 부모님과 형수를 섭섭하게 해 드린 것이 괘씸했다.

다음 날 동생이 서울에서 돌아왔다. 그때까지도 눈이 퉁퉁 부어 있었다. 졸업식에 가신 부모님과 형수에게 왜 그렇게 섭섭하게 했는지 물었다.

"형은 나를 중고등학교와 대학까지 보내 주고 내가 학비 달라 용돈 달라 했을 때 단 한 번도 미룬 적이 없었어요. 마음속으로 늘 고마웠지만 고맙다는 말을 한 적이 없었어요. 졸업식장에서 가운 입고 사각모 쓴 모습도 보여 드리고 싶었고, 친구들 앞에서 고맙다는 말을 꼭 하고 싶었는데 그 기회를 놓치고 말았어요."

"네가 그런 생각까지 하는 줄 몰랐구나! 참 미안하다."

"졸업식이 다시 있는 것도 아니고 기회를 놓친 것이 너무 속상해요."

우리 형제는 부둥켜안고 눈물을 흘렸다.

그런 막내가 대학 졸업과 함께 군 복무를 마치고 중위로

제대하여 서울로 이사 온 집으로 돌아왔다. 취업해서 새로운 출발을 해야 했다. 여러 곳에 이력서를 보내기도 하고 찾아다니기도 했다. 반년이 지나도 길이 보이지 않았다. 체육과 출신을 오라는 데가 없었다.

동생은 취업이 어려워지자 두문불출하고 몸져누워 버렸다. 그 모습을 보고 있자니 내가 나설 수밖에 없었다. 다행히 부산에 있는 화승그룹 계열사인 동양화공에 취직을 시켰다. 취업이 해결되니 결혼을 서둘러 분가시키는 일만 남았다.

이웃에 사는 동서 내외와 의논했다. 다행히 도곡초등학교 조카 담임 선생이 인물이나 마음 씀씀이가 괜찮다고 추천했다. 우리 내외는 부모님 대신 동생을 데리고 명동 로얄호텔 커피숍에서 신부 부모와 신붓감을 만나 선을 보았다. 양가가 혼인을 성사시키기로 합의했다.

신붓감이 정해졌으니 결혼식을 올려야 하고 신혼 준비를 해야 했다. 강남에 신방 차릴 전세를 알아보고 있는데 만족하지 않고 집을 사달라고 졸라댔다. 부모의 유산 없이 자수성가하여 여러 형제 뒷바라지로 어려움을 겪고 있는 형의 입장을 생각하지 않는 것 같아 섭섭했다.

아예 몸져누워 버티니 어쩌겠는가. 할 수 없이 형제들이 힘을 모아 보태고 일부 할부금은 동생 내외가 갚아 나가게 하고 개포동 주공 1단지 열세 평 아파트를 사 주었다.

취직되고 이어 결혼도 하게 되니, 막내의 결혼을 보지 못하고 일찍 돌아가신 부모님 생각이 간절했다. 우리 부부는 부모님 대신 키운 동생을 취직도 시키고 결혼까지 시켜 신혼여행을 보내니 할 일을 다했다는 안도감이 밀려왔다.

동생은 직장 생활을 하면서 순조롭게 계장이 되고 과장이 되었다. 과장이 되고 얼마 되지 않아 찾아와서 어렵게 말문을 열었다.

"형님, 저 회사 그만두고 사업을 하려고 하는데 형님이 허락해 주셨으면 해요."

"사업하려면 자금도 있어야 하고 확실한 아이템이 있어야 하는데 쉽게 결정하면 실패할 위험이 있다. 감당할 수 있겠니?"

"사업자금은 아파트를 팔면 되고 아이템은 내가 담당했던 수출하는 부분을 회사에서 밀어주기로 했어요."

기본은 되어 있으니 무리 없이 회사를 꾸려 갈 수 있다고 했다. 다소 안심은 되었지만, 하루아침에 경험도 없이 사업을 한다는 것이 마음이 놓이지 않았다.

"아파트는 팔면 다시 사기 어려우니 팔지 말고 우선 대치동 내 사무실에 와서 시작하고 성장 가능 여부에 따라 키워 나가도록 해라. 그렇게 해야 안전하다."

"고맙습니다. 어떻게 하든 형님에게 누가 되지 않도록 하겠습니다."

그렇게 책상 세 개 놓고 직원 둘을 데리고 시작하게 했다. 상호를 '고려산업'으로 했다. 사업은 교량 시설 전문업체가 목표였다. 처음은 자질구레한 고무제품을 납품하는 것으로 시작했다. 교량 용품은 동양화공에서 납품받아 손닿는 곳이면 어디든 찾아갔다. 잘해야 하는데 늘 염려스럽고 초조했지만, 우려했던 것보다 운영을 잘해 나갔다. 직원도 하나둘 늘어났다.

회사가 성장하면서 사무실도 독립해서 옮기고 오 년 후 시화공단에 공장 용지를 마련했다. 천삼백 평 부지에 생산 공장을 지었다. 매출이 늘어나면서 상호도 주식회사 'KR고려산업' 법인으로 바꾸고 각종 고무제품과 교량 받침 슈와 관련 제품을 생산하면서 교량 전문업체로 커나갔다. 때마침 전국 곳곳에 고속도로가 거미줄처럼 늘어나면서 교량도 수없이 생겨났다. 시원하게 뚫린 터널처럼 회사도 활기차게 뻗어 나갔다.

어느 날 동생한테 전화가 왔다.

"형님 모시고 본사와 공장을 돌아보고 싶은데 하루 시간 좀 내주세요."

"그래, 나도 회사가 성장한 모습을 보고 싶구나! 그렇게 하자."

먼저 분당 수내동 조선내화빌딩에 세 들어 있는 본사로 갔다.

놀라운 일이 눈앞에 나타났다. 불과 칠팔 년 전에 직원 둘로 출발한 구멍가게였는데 전문 경영인을 대표이사 사장으로 두고 본사 사무직원만 백이십여 명으로 늘어났다.

이어 시화공단으로 갔다. 준공식 때 가 보고 칠 년 만이었다. 그사이 같은 규모의 공장이 또 하나 늘어 있었다. 한눈으로 보아도 활발하게 돌아가고 있다는 것을 알 수 있었다.

"형님, 그동안 회사 성장 과정을 보고드리겠습니다. 1985년 형님 사무실에서 직원 두 명과 함께 출발한 개인

사업자가 칠 년 만인 1992년에 (주)KR고려산업이라는 법인으로 간판을 바꾸었습니다."

그 후 산업석탑훈장을 받은 일, 우리나라 신지식인협회 2대 회장으로 피선된 일, ROTC 전국중앙회 상임부회장으로 선출된 일, 고려대학교 교우회 부회장으로 추대된 일과 대통령 자문위원으로 위촉받은 일 등을 말했다. 또한, 충남도립 청양대학 교수로도 활동하고 있었다.

나는 할 말을 잊었다. 기쁘고 또 기뻤다. 사업 규모가 커지면서 평택에 새로 증설할 공장 용지도 오천 평 사 놓았다고 했다. 놀라운 일이었다.

시화공단 공장을 돌아보고 평택으로 갔다. 공장을 이전할 용지는 경부고속도로와 서해안고속도로가 가로지른 서해안 접선 지점 톨게이트 부근에 있었다. 8차선 도로 옆에 경지정리가 완료된 상태에서 허가까지 마치고 공장 지을 준비가 다 되어 있었다.

순례 일정을 마치고 서울로 오면서 승용차 안에서 동생이 내 손을 꼭 잡았다.

"형님, 고맙습니다."

"무어가 고마운데."

"형님이 사업하도록 도와주어서요."

"동생이 경영을 잘해서 나온 결과지."

"아니에요. 형님이 가르쳐 주셔서 가능했어요."

"무엇을 가르쳐 주었는데?"

"형님이 사업하시는 걸 옆에서 보면서 배웠어요."

"그런 생각을 하고 있다니 고맙구나."

가슴이 뭉클했다. 무너진 가문을 세우려고 그토록 몸부림쳐 왔는데 소원이 이루어졌다. 안도의 긴 한숨이 나왔다. 중견 사업가로 우뚝 선 동생이 고맙고 대견하다.

할아버지 어렸을 적엔

용띠 해인 2012년은 운이 대통한 해였다.

고희가 넘도록 손자가 없어 언제나 텅 빈 가슴이었는데 1월 3일 외손자가 태어나고 27일은 친손자가 태어났다. 대박이 터진 것이다.

손자들이 태어난 지 벌써 여덟 달이 되었다. 두 손자가 할아버지를 만나면 알아보고 방긋방긋 웃기도 하고, 무슨 소리인지 알 수 없지만 '어어' 하고 소리까지 지른다.

팔을 벌리고 이름을 부르면 덥석 안기기도 한다. 사방으로 기어다니기도 하고 물건을 붙잡고 일어서기도 한다. 호기심이 많아 잠시도 가만히 있지 않는다. 그럴 적마다 할머니 할아버지는 귀여워서 자지러진다. 하루도 보지 않으면 눈에 아른거리고 마음이 둥둥 뜬다. 푼수가 따로 없다. 우리 내외가 바로 푼수다.

딸이 사십이 넘도록 짝을 만나지 못해 마음고생을 많이 했었다. 큰아들은 누나에 떠밀리다가 누나보다 먼저 서른여덟 되던 해 봄, 성당에서 결혼식을 올렸고, 딸은 마흔하나에 짝을 만나 같은 성당에서 결혼식을 했다.

하루가 다르게 성장하는 손자들을 바라보면서 어떻게 키워야 사람다운 사람으로 자라게 할 수 있을까. 어떤 유아 교육부터 시켜야 할까? 많은 생각을 했다. 어린이 교육을 연구하는 학자들은 자연의 품에서 선생님과 친구들이 함께 어울려 하루 다섯 시간을 뒹굴며 자란 어린이들이 실내 공간에 갇혀 공부한 어린이들보다 친화력, 상상력, 창의력이 월등히 앞선다고 했다.

나는 어린 시절 자연과 어울려 자랐다. 봄이 오면 강남 갔던 제비가 돌아와 우리 집 대들보에 둥지를 틀고 새끼 키우는 모습을 보면서 좋아했다. 새끼 제비는 어미가 물어다 주는 먹이를 서로 먼저 받아 먹으려고 노란 주둥이를 활짝 벌리며 아우성이었다. 어미는 극성스럽게 입 벌리며 소리치는 놈만 먹이를 주어 못 먹는 놈은 문지기만 했다.

새들도 생존경쟁을 하는 것을 보면서 자랐다.

마을 뒷산 양지바른 곳에 큰 뫼가 있고 상돌이 있었다. 오월이면 아카시꽃이 흐드러지게 피어 사방이 향기로 가득했다. 이웃집 석순이와 아카시꽃을 따다 고추장에 발라 먹던 그때 정서를 잊지 못한다.

여름이면 잠자리와 노는 것이 좋았다. 보리잠자리는 보리쌀 색깔이어서 좋아했고, 쌀잠자리는 쌀 색깔이어서 좋아했다. 고추잠자리는 빨간 고추색보다 더 예쁘고 고와서 좋아했다. 논가에 있는 웅덩이에서 놀고 있는 말잠자리도 좋아했다. 암놈을 잡아다 다리에 실로 매어 휘휘 저으면 연못을 빙빙 돌던 수놈이 덥석 물고 놓지 않았다. 그 순간 손으로 덮쳐 잡았을 때의 짜릿한 맛은 잡아보지 않은 사람은 모른다.

마을 뒷산에 여치 수놈이 암놈을 부르는 노래를 산골짜기가 떠나가도록 불렀다. 노래 부르는 놈을 손으로 잡으려면 이리 뛰고 저리 뛰고 숨바꼭질을 했다. 잡은 놈은 밀집으로 지은 집에 넣어 대청마루에 매달아 놓으면 대청마루에서 울어대곤 했다.

한여름 땡볕에 미루나무에 매달려 맴맴 소리내며 노래

하는 매미 소리도 좋아했다. 소꼬리 긴 털을 뽑아 얼개를 만들어 장대 끝에 매고 노래하는 매미를 낚아채면 매미는 울고불고 살려 달라 아우성쳤다.

찌는 듯한 여름날, 소낙비가 쏟아지면 흘러가는 개울물을 치고 올라오는 송사리 떼가 그물에 잡혔다. 개울가 제방 밑을 살피면 참게가 굴 속에 숨어 있었다. 손을 넣으면 게가 집게발로 손가락을 덥석 물었다. 그때 잡아 빼면 주먹만 한 참게가 끌려 나왔다. 그때의 짜릿함이란. 애호박에 감자를 곁들인 매운탕을 끓여 동네 잔치를 벌였다. 농약을 쓰지 않아 자연이 싱그러웠던 시절이다.

가을이 오면 코스모스가 하늘대는 신작로 걷기를 좋아했다. 어머니가 장에 갔다 돌아올 때 고무신이나 운동화를 사오면 세상 모든 것이 내 것인 양 우쭐했다.

초등학교 운동회 날 운동장에 만국기를 달아놓고 뜀뛰기 하던 기억, 일등 한 번 못했어도 김밥에 햇과일 먹는 재미에 마냥 즐거웠다.

공해가 없던 시절 들녘 논에 벼가 누렇게 익으면 메뚜기, 방아깨비가 신나게 그 위를 날고 뛰었다. 쌍쌍이 업고 사랑을 나누기도 했다. 뛰는 놈을 잡아 풀에 가득 꿰어

타래를 만들었다. 집으로 가져와 볶아서 도시락 반찬을 하면 별미였다.

겨울이면 마당에 구멍을 만들어 놓고 소구치기, 범치기, 딱지치기 하며 해 저무는 줄 모르고 놀던 그때. 마을 앞 논바닥에 얼음이 얼면 아버지가 만들어 준 썰매를 타고 친구들과 손발이 트고 피가 나도록 신나게 놀던 그때를 기억한다. 그때가 그립다.

우리 세대는 어린 시절을 자연과 함께 살았다. 그러나 그 시절은 이미 재생할 수 없는 과거일 뿐.

그렇더라도 새로 맞은 손자들에게 자연과 더불어 인성이 바르게 성장해서 아이가 사랑받고 있다는 사실을 온몸으로 느끼도록 껴안아 주고 싶다. 하고 싶은 일을 마음껏 해 보도록 옆에서 도와주는 할아버지가 되고 싶다.

다시 만날 수 있다면

삼십 년 전 어느 날 우리 집에 일하는 아주머니가 오셨다.

그늘진 모습에 가녀린 체구여서 일을 감당할 수 있을까 염려되었지만, 친지가 소개한 사람이라 믿어 보기로 했다.

우리 집은 중고등학교에 다니는 아들딸 삼 남매와 우리 내외까지 다섯 식구였다. 당시 아내는 아이들 뒷바라지와 내가 운영하는 사업에 관여하면서 힘겨워했다.

"일인삼역을 하니 감당이 안 되네요."

"가사일 도와줄 사람을 찾아봐요."

그런 대화가 오간 지 며칠 되지 않아 오십 대로 보이는 아주머니가 가사 도우미로 온 것이었다. 아주머니는 보기와는 다르게 첫날부터 익숙한 솜씨로 부엌일, 빨래, 집안

청소까지 먼지 하나 없이 깨끗하게 했다. 일주일이 지나자 집 안에 윤기가 흐르기 시작했다.

"참 좋은 분이 왔어요. 일하는 솜씨가 빠르기도 하고 깨끗해요. 몸을 사리지 않고 자기 집 일하듯 번개처럼 날아다니며 열심히 해요."

아내는 아주머니가 온 후로 얼굴이 밝아졌다. 아내와 아주머니의 대화는 늘 비슷했다.

"쉬엄쉬엄 천천히 하세요."

"괜찮심더. 힘들지 않아예."

넓은 거실과 창문 커튼을 세탁해서 다시 거는 일이 벅차고 힘들 텐데 어떻게 했는지 모르겠다며 아내는 칭찬을 아끼지 않았다.

아이들이 어쩌다 도시락을 놓고 갔을 때는 학교 교실까지 갖다 주기도 했다. 그러면서도 자신의 수고는 생색내지 않았다. 김장할 때처럼 일이 많은 날은 새벽에 와서 밤늦도록 했다. 아예 출퇴근 시간이 없었다.

식사 시간에도 가족처럼 함께 하자고 해도 한사코 고개를 저었다. 식구들이 없을 때 남겨 놓은 밥으로 때워 식구들이 찬밥을 먹지 않게 했다. 서울에서 분당으로, 분당에서 몇 차례 이사해도 우리 집 일을 도와주었다. 불평 없이 십 년을 하루같이 한치의 소홀함이 없었다. 말과 행동이 겸손한 분이었다.

딸이 대학 졸업 후 예술의전당에서 기념 독주회를 하는 날이었다. 뜻밖에 아주머니가 꽃바구니를 들고 남편과 며느리를 데리고 나타났다. 그분은 우리 아이들을 자기 자식처럼 온갖 정성을 다해 도와주려고 애썼다. 그때 가사 도우미가 아니라 한 가족처럼 생각하고 있었던 것을 알 수 있었다.

우리 집 아이들이 대학을 졸업하고 아들 둘은 군에 입대하고 딸은 유학을 가게 되면서 십이 년을 한 가족처럼 지내던 아주머니와 헤어지게 되었다. 아주머니는 고향으로 내려가 여생을 보내겠다고 했다.

그때 자신이 어떤 사람인가를 알려 드리는 것이 도리인 것 같다며 처음 입을 열었다.

한때 초등학교 교사였으나 남편 사업이 부도나면서 직장 생활도 할 수 없게 되었고, 이런저런 시련을 겪다가 부산을 떠나 서울에서 쉽게 구할 수 있는 직업이 가사 도우미여서 우리 집에 오게 되었다고 한다.

자식들에게 부담스러운 부모가 될 수 없어 십여 년을 여기 와서 마음잡고 어려움을 견디어 왔다고 했다.

그동안 내외가 직업을 가리지 않고 성실히 살아와 빚도 다 정리하고 수원에 작은 아파트도 분양받아 입주해서 그곳에서 출퇴근했다고 한다.

지금 큰아들은 부산시청 간부이고, 둘째 아들은 국내 유명 대학 교수로, 딸은 미국에서 대학 교수로 저마다 갈 길을 가고 있다고 했다.

그동안 자식들은 어머니가 직장에 다니는 줄 알았는데 이제는 모든 사실을 알려 주었다는 것이다. 그 후 온 가족이 만류했지만 떳떳한 직업이라고 말해 주었다고 한다. 가사 도우미가 신성한 직업이지 부끄러운 일이 아니라는 신념으로 가득찬 분이었다.

그런데 고향이 부산이라는 것만 알았지 이름도 모른 채 헤어지게 되었다. 헤어질 때는 친척처럼 수시로 다니며 살겠노라고 굳게 다짐하고 떠나갔기에 전화번호도 이름도 챙기지 못했다. 이제나저제나 소식 오기를 기다렸지만, 십여 년이 지나도록 소식이 없다. 혹시 그동안 건강이 안 좋아진 건지 돌아가신 건 아닌지 안타까울 뿐이다.

그분이 잘 다니던 분당 대광사를 찾아가 절에 오래 계셨던 보살님을 만나 아주머니의 소식을 알아보려 했지만, 그분이 아무도 모르게 불우한 이웃에게 도움을 주신 분이라는 얘기만 들었다. 이름과 성을 모르니 후회만 안고 돌아왔다. 있을 때 좀 더 잘해 드릴 걸 후회한들 소용이 없었다.

날이 갈수록 그분의 온기가 남아 있는 듯하다. 이제라도 만나서 정담을 나누고 따듯한 식사를 대접할 수 있는 시간이 오기를 기다린다.

부디 건강히 지내십시오, 아주머니!

한 해를 마무리하며

카톡 터지는 소리가 뜨겁다. 한 해를 보내는 고개 넘기가 힘겨워서일까 아쉬움이 남아서일까. 그 소리는 첫눈 내리는 날 만나기로 한 연인이 보낸 것처럼 감미롭기도 하고, 깊은 산속에서 내뿜는 맑은 산소같이 신선하기도 하다.

우연히 만난 인연인데 이렇게 잘 어울릴 수가 있을까? 분당에서 왈츠 리듬이 울리면 수지 죽전에서는 탱고…. 리듬에 맞춰 경쾌하게 하모니를 이룬다.

우리는 무엇을 위해 왔는지, 무엇을 위해 어디로 가는지 아무도 모른다. 혼돈 속에서 헤맬 때 스승께서 길을 안내하는 빛을 주셨다. 그 모임이 아가위수필문학회다.

신록의 오월에 산정호수에서 아가위의 결속을 다졌고, 작열하는 태양 아래 곤지암에서의 번개팅은 전진을 위한 숨 고르기였다. 만추의 계절에 제주도 귤감나무 아래에서 스승과 제자의 만남은 존경과 사랑으로 튼실한 열매를 맺었다.

우리는 돌문화공원과 숲길에서 제주의 향취를 만끽했다. 동심으로 돌아가 기차를 타고 우의를 다졌다. 삶이란 만남의 끈으로 인연을 맺고 관계를 이어간다. 그 만남이 좋은 인연이 되기를 소망하며 살아간다. 만나는 인연에 따라 행복하기도 하고 그 반대일 수도 있기 때문이리라.

내게 아가위와의 만남은 에너지가 솟아나게 하고 삶에 활기를 불어 넣어 주었다. 진솔한 마음을 함께 나누고 내면에 잠자는 꽃망울을 각양각색으로 터트리며 향기를 내뿜는다.

문학의 공간에서 무엇인가를 찾아 삶을 가꾸어 가는 우리 모습이 아름답다. 사학년에서 팔학년까지 모여 앉아 글밭을 일구어 가는 합평회가 정겹다. 이랑은 어떻게 다듬고 씨앗은 언제 뿌려야 좋은 싹이 나올까, 잡초는 언제 뽑을까, 비료는 무슨 비료를 얼마나 어떤 시기에 주어야 할까 머리 맞대고 글감 작물 가꾸기에 열의를 바친다.

이제 한 해를 마무리하고 새해를 맞이한다. 생각할 틈도 없이 여유를 간직할 틈도 없이 한 해를 보내야 하는 아쉬움이 남는다. 하나를 얻으면 하나를 버려야 하는 삶이라지만 무엇을 얻었나 보다 무엇을 잃어버렸는가를 찾아야 하겠다.

살아야 한다는 것과 살아 있다는 것 중에 살아 있다는 것에 의미를 두고 싶다. 많은 시간을 잊고 살았지만, 분명한 것은 버려야 할 것이 더 많다는 것을 꼭 기억하고 싶다.

러시아를 다녀와서

2016년 7월 7일 오후 인천공항에 문학기행을 가기 위해 문우들과 손광성 선생님까지 스물다섯 명이 모였다. 오후 다섯 시 오십오 분 대한항공 편으로 출발한 지 아홉 시간쯤 갔을까. 상트페테르부르크 공항에 도착했다.

대기 중인 버스로 네바 강변에 자리 잡은 메리어트 바실리예브스키 호텔에 여장을 풀었다. 러시아 백야의 계절, 칠월. 자정이 넘어도 낮과 같은 밤을 보내며 얼마나 많은 사연이 백야를 적셨을까 생각했다. 커튼으로 창을 가리고 선잠을 잤다.

이튿날 설친 잠에서 깨어 창문을 여니 네바 강에 추적추적 비가 내리고 있었다. 창밖에는 이십 년 전 베이징에 갔을 때의 을씨년스러운 회색 풍경이 눈앞에 펼쳐졌다. 그것은 사회주의를 상징하는 색깔 같기도 했다.

아침 산책으로 네바 강변을 거닐었다. 스산한 바람이 옷깃을 스치면서 러시아의 향기를 맞이하고 있다는 감회에 젖었다. 삼삼오오 몰려든 문우들과 함께 어울려 호텔에서 먹는 아메리칸 조식 뷔페는 유달리 감미로웠다.

한 시간쯤 푸시킨 시로 이동하여 예카리나 궁전으로 갔다. 궁전에 들어서자 실내의 금박 장식은 화려함의 극치였다. 장식의 정교함과 우아함은 가히 남편을 죽이고 여제가 된 독일 혈통 예카리나가 궁중문화와 귀족문화를 격상키는 데 집중했다는 것을 실증하는 것 같았다.

호화 장식의 절정이라고 하는 호박 방에 들어갔다. 수억년 송진이 보석으로 변한 호박으로 모자이크한 방에 그림을 가득 채워 놓았다.

예카리나 여제는 열정적인 이상주의자로 그가 실현하려고 노력한 대민정책은 탁상공론으로 끝났다고 한다. 결국 그녀는 이상만 화려했지 실정만 되풀이했다고 한다.

사흘째 되는 날은 세계에서 세 번째로 큰 러시아 최고의 성 이삭 성당과 카잔 성당을 거쳐 여름 분수 정원으로 갔다.

시원스럽게 물을 뿜고 있는 분수를 배경으로 사진도 찍고 호수가 끝없이 펼쳐진 자연에서 기념 촬영을 하기도 했다. 러시아의 궁전과 이어진 길을 따라 상트페테르부르크의 랜드마크라는 겨울 궁전 예르미타시 박물관으로 갔다. 미술품 수집을 좋아했던 여제는 수집품을 보관하기 위한 별관을 지어 미술품을 전시해 놓았다. 이렇게 십수 년이나 걸려야 볼 수 있는 미술품을 전시하고서 여제는 어느 정도 감상할 수 있었을까. 그것이 백성들의 눈물이고 피라는 생각을 한 번이라도 해 보았을까.

이어 도스토옙스키가 마지막에 살았던 아파트를 방문해 그의 삶과 예술 세계를 엿보았다. 《죄와 벌》에 나오는 스톨라니 길모퉁이 반지하에 그가 살던 아파트를 보존해 놓았는데, 20세기 문학 선구자의 생가라기엔 너무 초라했다.

《죄와 벌》이 태어난 집필실로 들어갔다. 책상 위엔 쌍촛대에서 흐른 촛농이 지금까지 세월과 함께 녹아 있었다. 가는 곳마다 놓인 도자기 가스 등잔, 쌓인 원고지가 옛 주인을 찾는 듯했다. 벽에 걸린 가족 사진을 보며 평생 간질에 시달렸던 그가 자식이 성장하기 전에 죽고 싶다고 했다는 말을 들으니, 그의 삶도 명성과는 반비례하는 아픔이 있었음을 엿볼 수 있었다.

오후에는 네바 강 유람선을 타고 선상에서 민속 쇼를 관람했다. 그들과 어우러져 춤을 추고 노래를 부르는데 난데없이 여배우가 찾아와 팔짱을 끼고 춤을 추자고 했다. 난생처음 러시아 여인과 춤을 추고 노래를 부르니 모든 과정과 순간순간이 목적지라는 말이 생각났다. 삶의 의미를 찾아 길을 떠난 러시아 여행이기 때문이리라.

저녁 식사 후 러시아 전통 문화로 보존하고 있는 상트페테르부르크 마린스키 발레단 공연을 보러 갔다. 남녀 백조가 나비처럼 사뿐사뿐 날아다니는데 상트페테르부르크의 백야에 취해 잠을 설쳐서인지 피곤이 몰려와 우리는 누구라고 할 것 없이 공연을 외면한 채 그 시간을 꿈나라와 바꾸고 말았다.

나흘째 되는 날은 상트페테르부르크와 도스토옙스키의 작품을 여운으로 남기며 새벽 열차를 타고 모스크바로 달렸다. 조식으로 열차에서 문우들과 도시락을 먹는 재미도 평소에 느껴보지 못한 낭만이었다. 성하의 녹음은 러시아에도 찾아와 푸르렀다. 길 옆에 사열식을 하듯 늘어서 있는 자작나무 군락은 우리를 환영하는 듯 바람을 타고 너울

너울 춤을 추고 있었다.

모스크바에 도착해서 가이드의 안내에 따라 보리스 파스테르나크 생가에 들렀다. 대학에서 철학을 공부한 그는 독일과 이탈리아를 유람하고 러시아로 돌아와 작품 활동을 했다. 그때 탄생한《닥터 지바고》는 20세기 러시아 문학작품 중에서 독자들의 사랑을 많이 받은 작품이다. 사회주의 체제에서 문학을 비롯한 모든 예술을 정치에 종속시킨 상황이었으나 동조하지 않아 적지 않은 고통이 따른 흔적을 보는 듯했다.

고리키 생가와 박물관을 둘러보았다. 그는 19세기 최후의 작가이자 20세기를 연 최초의 작가다. 그는 세 살 때 아버지가 사망하자 어머니가 재가하여 외할머니 밑에서 자랐다. 그러나 열한 살에 어머니마저 사망해서 초등학교 3학년 때 중퇴하고 돈벌이를 위해 구두수선공, 제도사, 짐꾼 등 다양한 직업을 찾아 전전하였다. 열두 살이 되어 볼가 강을 운항하는 화물선 식당에서 주방일을 하면서 사관출신 요리사의 지도로 학문과 문학에 눈뜨게 되었고 독서에 관심을 가지면서 작가 반열에 올랐다. 고리키는 러시아 문학의 중심인물로 추앙받은 인물이다.

닷새째 되는 날은 붉은광장으로 갔다. 대통령궁, 우스펜스키 사원, 십이사도 사원, 이반 대제의 종루를 둘러보고 크렘린 성벽으로 유명한 러시아 최대 광장으로 갔다. 노동절이나 혁명기념제가 열리는 곳으로 오래전부터 모스크바의 상징이 된 장소다. 붉은광장의 '붉다' 의 의미는 아름다움을 뜻한다.

16세기부터 17세기에 걸쳐 이십만 명 인구가 있던 모스크바는 정치, 상업의 중심이 되었다. 현재의 광장을 이루고 있는 모습은 19세기 말부터다.

레닌과 스탈린 묘에는 조화를 두지만, 푸시킨 묘에는 사철 생화를 바친다는 러시아 문화에서 러시아 문학을 엿볼 수 있었다.

나는 여행을 다녀올 때면 어떤 의미를 가지고 떠났는지, 어떤 의미를 품고 돌아왔는지 스스로 의문을 던진다. 가는 곳마다 그 자리에 서 있었는지, 얼마만큼 그 순간에 젖어 있었는지, 내 자신에게 묻고 싶다. 문학의 산실 러시아 문학기행을 다녀오면서도 그 여운은 사라지지 않는다.

말의 힘

삶은 언어를 타고 긴 여행을 하는 것 같다. 태초에 조물주도 말씀으로 세상을 창조했다고 성서에서 말하고 있다.

말은 어떻게 가꾸고 다듬어서 사용하느냐에 따라 삶의 질이 달라진다. 사람들은 유창하지만 내용이 담겨 있지 않은 말보다 어눌하지만 진실이 담겨 있는 말을 신뢰한다. 말 속에 배려가 있고 향기로운 울림이 있어야 한다. 거칠게 내뱉는 말은 단절과 불신을 불러온다.

나에게도 말의 소중함을 깨닫지 못해 얼룩진 일들이 있었음을 부정할 수 없다. 타인에게는 애써 너그러우면서 내 가족에게는 칭찬하는 말씨보다 질책하는 말투가 많았음을 후회한다.

친목회에 나가보면 자존심 대결장에 나온 투우사 같은 사람들을 볼 때가 있다. 작은 일에 날을 세우고 티격태격 말싸움을 한다. 옆에 있는 사람은 안중에도 없다. 반면 낮은 자세로 상대를 배려하고 존중해 주는 사람도 있다. 고개가 숙여진다. 또한 무덤덤한 사람도 있다.

이와 같이 말씨와 말투로 스스로 자기 모습을 나타내고 있다. 사람마다 살아가는 모습은 그 사람이 가지고 있는 말씨와 말투에 따라 천차만별이다. 얼굴은 보이는 모습이고 말은 보이지 않는 얼굴이다. 그 사람이 서 있는 곳이면 장소 불문하고 어디든 동일하다.

자녀 셋을 둔 어느 외국인 부부 이야기다.

바쁜 일상으로 가족 간에 무관심해지고 소통이 단절된 것을 깨닫고 이를 치유하기 위해 크리스마스를 맞아 태국으로 가족 여행을 갔다. 그들은 해변 휴양지에서 휴가를 만끽하고 있었다. 그런데 그때 갑자기 어디선가 지축을 흔드는 듯한 굉음이 들려왔다.

불길한 예감이 스치고 지나가는 순간, 거대한 9.1도 규모의 쓰나미가 휴양지를 순식간에 휩쓸었고, 삼십만 명의 목숨을 빼앗아 갔다. 눈앞에서 가족을 죽음으로 몰고 가는 참혹한 광경을 바라보며 목이 터져라 이름을 불러보았지만 성난 수마 앞에서는 속수무책이었다. 수마가 할퀴고 간 현장은 아비규환이었다.

남편은 아내와 아이들을 찾아야 한다는 강한 의지로 죽음의 문턱에서 겨우 살아날 수 있었다. 가족이 혹시 어디에 살아 있을지도 모른다는 실낱같은 희망을 가지고 미친 듯이 이름을 부르며 찾아 헤맸다.

현지인들의 도움으로 병원에서, 수몰 현장에서 가족을 하나하나 극적으로 만나는 기적이 일어났다. 가족이 살아 있어 이름을 부를 수 있는 것이 얼마나 큰 축복인가를 절감한 순간이었다고 한다.

가족과 매순간 소통하는 평범한 일상이 기적임을 깨닫게 하는 이야기다.

우리는 살아가면서 관계를 맺은 사람들과 나누는 말 한마디가 그 사람이 사는 세계를 변화시키는 통로가 된다는 사실을 모르고 있는 건 아닐까?

말의 힘은 위대하다.

나의 주방 경력

딸을 유학 보내면서 아내와 함께 뉴욕 맨해튼에 갔다. 딸은 브로드웨이에 있는 맨해튼 음대를 졸업 때까지 있으려고 아파트에 세를 얻어 들어갔다.

입주하는 날 아파트에 들어서자마자 어이가 없었다. 먼저 사람이 쓰던 주방기구를 이틀을 닦아도 깨끗해지지 않았다. 그런 주방에서 밥을 해 먹으며 공부할 딸을 생각하니 우물가에 놓아 둔 아이 같아 마음이 편치 않았다.

우리는 열흘 동안 있다 돌아오기로 하고 갔는데, 아내가 마음이 놓이지 않는지 나만 먼저 가라고 떠밀었다. 딸을 먼 나라에 떼어 놓고 돌아오려니 발길이 떨어지지 않는 건 나도 마찬가지였다.

집에 돌아오니 아들 둘마저 군대에 가 있어 쓸쓸하기 짝이 없었다. 무엇보다 식사가 문제였다. 주방에 몇 번 눈길이 갔지만 선뜻 들어서지지 않았다. 밥은 아내가 적어 준 메모를 보고 압력솥에 지었지만 때마다 반찬 준비가 고역이었다.

그렇게 한 달을 지내려니 설거지도 해야 하고 빨래도 해야 했다. 평소에 관심이 없던 주방 일을 해 보니 불편한 게 한두 가지가 아니었다. 졸지에 주방 일을 해 보고 나서 아내의 일의 무게를 알 수 있었다.

날마다 삼시 세끼 메뉴 정하는 일, 시장 보는 일, 입맛에 맞게 간 맞추는 일, 설거지, 청소, 가족 수발드는 일이 얼마나 고달프다는 걸 모르고 방관했던 것이 미안했다. 그 후 나는 틈만 있으면 밥 짓기를 도와주고 설거지 당번은 거의 도맡아 했다.

내가 제일 잘하는 것은 라면 끓이기다. 물의 양을 조절하고 첫 번째 삶은 물은 버려야 나트륨을 줄일 수 있다. 다시 적당량의 물을 붓고 대파와 풋고추 썰어 넣고 라면 수프를 넣은 후 삼 분간 삶으면 맛있는 라면이 완성된다. 그러면 식탁에 모인 가족들이 "아버지, 파이팅!" 하고 손뼉을 치며 좋아한다.

소년 시절, 어머니가 재래식 부엌에서 검정 무쇠솥에 밥을 지으실 때면 일손을 도와 아궁이에 불을 때던 기억이 떠오른다.

아홉 식구 식사 수발을 들면서 바깥 살림도 하셨던 어머니. 현대식 주방에서 두세 식구 밥하는 것도 벅찬 일인데 어떻게 그 어려운 일을 해내셨을까?

여름에는 부엌이 찜질방이라 밥을 지을 때면 땀범벅이 되었고, 겨울에는 자연 냉동실이라 그릇에 손이 자석처럼 달라붙었다. 그래도 어머니는 묵묵히 그 일을 해내셨다.

겨울이 오면 햇볕에 볏짚을 말려 땔감으로 썼다. 그런데 겨울 햇볕에 말린 볏짚은 눅눅해서 잘 타지 않고 연기만 나서 부엌을 온통 연기통으로 바꾸어 놓기 일쑤였다.

아홉 식구 이불이나 바지저고리도 어머니가 손수 바느질해서 만들고 산더미 같은 빨래도 손으로 빨았다. 세탁기가 나오리라는 것은 누구도 몰랐다.

집 안에 화장실이 있다는 것은 상상도 못했다. 마당 후미진 곳에 항아리를 묻어 뒷간으로 사용했다. 밤이면 방 안에

요강을 들여놓기도 했다. 지금은 생각조차 할 수 없는 암흑 같은 시절이었다.

어머니 혼자서 아홉 식구 수발드시던 일은 지금으로서는 상상조차 할 수 없다. 마치 철인 경기를 보는 것 같다. 일 속에 묻혀 희생만 하고 가신 어머님이 그립다.

불확실성 시대에 예측하기는 어렵지만, 시대의 빠름은 전광석화 같다. 불과 사오십 년 전이 원시인의 생활이었다면 앞으로 반세기 후의 주방은 어떻게 변할까?

그것이 알고 싶다.

지금 내 곁에 있는 사람들

가을이 풍요롭게 익어 갈 무렵 뜻을 함께하는 문우들과 안성에 있는 팜 랜드에 갔다. 침체되어 있던 마음의 조각을 하나로 모아보고 싶었다. 숨 고르기도 하고 다시 담아야 할 채비가 필요했다.

지난 삼 년 동안 목요일이면 문우들이 모여 합평회를 하곤 했다. 서로의 글을 감상하고 독자가 되어 의견을 말하는 자리였다. 마음을 열어 놓고 살아온 날들을 돌아보며 이야기하는 자리이기도 했다.

따끈한 커피, 군고구마, 제철 과일을 나누며 힘든 일을 겪고 있는 문우를 위로하기도 하고 축하할 일이 생긴 문우에게는 아낌없이 응원하는 시간이었다.

그러나 어떤 연유인지 삼 년을 가꾸어 온 보금자리를 떠나 뿔뿔이 헤어져야 했다. 반 년이 훌쩍 지나면서 허전함은 나날이 더했다. 그러던 어느 날 가을바람을 타고 전화벨이 울렸다. 동천역으로 나오라는 연락이었다.

용인을 거쳐 안성에 접어들자 문우들을 도토리묵으로 소문난 고삼묵밥 집으로 안내했다. 허름한 농가 주택이지만 고향집 같은 느낌을 주는 곳이다. 총각 때부터 나를 아는 주인아주머니가 반갑게 맞아 주었다.

가끔 고향이 그리울 때 그곳에 가면 어머니 손맛을 느끼곤 했다. 장작개비로 쌓아 올린 담장에 이엉을 얹어 꾸몄는데 그 위에 트럼펫처럼 생긴 호박이 주렁주렁 매달려 있었다. 신기하게 생긴 호박이 한 폭의 정물화처럼 보여 우리는 사진을 찍고 만져 보면서 시골 정취에 빠져들었다.

토담집 안방 벽은 연예인 사인으로 도배되어 있었다. 도토리 묵밥, 도토리 빈대떡, 두부김치와 잘 익은 청무, 갓김치가 막걸리와 잘 어울렸다. 예상대로 다들 좋아했다. 누군가 가을의 맛을 한껏 느낄 수 있다고 말했다. 주인아주머니는 반갑다며 정을 가득 담아 도토리 빈대떡을 서비스하고 비지를 덤으로 주고 호박도 주었다.

식사를 마치고 팜 랜드로 달려갔다. 여러 곳에서 온 관광버스가 장사진을 치고, 꽃보다 예쁘고 사랑스러운 유치원생들이 북새통을 이루었다. 아이들과 어울려 트랙터 마차를 타고 가는 동안 우리도 어린이가 된 양 웃고 목청을 높였다.

끝없이 펼쳐진 초원을 지나 유채밭과 벌, 나비 춤추는 코스모스 동산으로 갔다. 드높은 가을 하늘 아래 활짝 핀 코스모스는 눈부시도록 아름다웠다. 벌, 나비가 어디서 왔는지 떼 지어 춤을 추며 우리를 반겼다. 우리는 누가 먼저랄 것도 없이 노래 부르며 어깨춤을 추었다. 노래는 금잔디 동산으로 이어졌다. 그 순간 나는 가슴이 먹먹해 왔다.

그곳은 내가 살던 마을 뒷동산이기 때문이었다. 청소년 시절 절망의 늪에서 허덕일 때면 달려가 '나는 누구인가, 어디서 와서 어디로 가고 있는가' 하고 삶의 의미를 찾아 사색하고 위로받던 곳이었다.

이른 새벽, 이슬이 흠뻑 내려앉은 동산을 걸으며 외로움을 달래던 그곳, 떠오르는 해를 바라보며 두 손 모아 간절히 소원을 빌던 곳이었다.

"생명의 뿌리인 해님! 저에게 빛을 내려 주어 고통을

벗겨 주시고 어두움을 밝히는 빛으로 세상을 살아가게 도와주십시오.”

종교가 있어 부르짖은 기도가 아니었다. 내일이 보이지 않은 현실이 안타까워 울부짖은 간절한 호소였다. 그때는 내 등에 진 짐이 무겁다고만 생각했다. 돌아보니 무거운 짐을 진 외로운 고행 길은 결국 내가 넘어야 할 다리였다.

세월이 훌쩍 흘렀다. 우리 가족을 지켜 준 논과 밭은 팜랜드 초원으로 변해 그 모습조차 찾을 수 없다. 동산을 지키며 나와 친구가 되어 외로움을 달래 주던 산새 둥지가 숨어 있던 나무들의 흔적은 오간 데 없었다. 다만 미루나무 한 그루만 아름드리로 자라 코스모스 동산을 지키고 있었다.

나를 지켜 준 옛 동산에 황혼을 함께하는 문우들과 찾아오니 감회가 남다르다. 그때는 내가 오십 년 후에 이런 모습으로 돌아올 줄 상상이나 했을까. 늦게 시작한 문학이 나침반이 되어 인생의 항해를 도와주리라는 것은 꿈에도 생각지 못했다.

어느덧 저녁이 내리고 있다. 지금 내 곁에 함께 있는 사람들을 돌이켜본다. 가장 가깝게는 아내가 있다. 내게 돌볼 수 있는 시간을 주어서 고마운 사람이다. 먼저 손을 내밀어 함께 살자고 한 딸과 사위, 하루에도 몇 번씩 웃음 보따리를 안겨 주는 손자 재윤이, 황혼을 외롭지 않게 지켜 주는 소중한 가족이다. 떨어져 있어도 늘 안부를 챙기며 부모 걱정을 하는 아들들, 사랑스러운 하율이, 하랑이, 하담이도 든든한 내 편이다.

젊었을 때 스승이 되어 준 친구, 잊지 않고 소식을 전하는 인연들도 떠오른다. 돌아보면 그들이 있어 여기까지 왔다. 지금도 수필 공부를 하러 집을 나설 때 행복하고, 스승과 문우들을 만나는 것이 기쁘다.

내 곁에 있는 소중한 사람들과 흘러간 날의 무늬를 새기며 남은 삶을 노을처럼 곱게 물들이고 싶다.